GAUDÍ

Das Leben eines Visionärs

JOAN CASTELLAR-GASSOL

GAUDÍ

Das Leben eines Visionärs

Übertragung ins Deutsche von Wolfgang Arthur Kimpel

Edicions de 1984
Barcelona

Titel der katalanischen Originalausgabe:
«Gaudí, la vida d'un visionari», 1999
Übertragung ins Deutsche von Wolfgang Arthur Kimpel

4. Auflage, 2010
Umschlaggestaltung: Enric Satué
Photographie: Carlos Portrat Díaz; Dani Codina

Pujadas, 74-80, 08005 Barcelona
E-mail: 1984@edicions1984.com
www.edicions1984.com

Druck in Katalonien,

Dipòsit legal: B. 43.106-2010
ISBN: 84-86540-70-4

INHALT

ERSTER TEIL

KAPITEL 1

Der Fall des Unbekannten, der unter die Straßenbahn kam

I

Ein blutüberströmter Körper lag am Boden, auf den Pflastersteinen nahe der Straßenbahnschienen.

Der Verletzte – oder der Tote? – war ein alter Mann mit buschigem, zerzaustem Bart.

Anzugsjacke und Krawatte ließen darauf schließen, dass dieser Mann kein Arbeiter war. Die Kleidung sah jedoch alt aus. Die Hosenbeine waren unten ausgefranst, die Schuhsohlen schon lange nicht mehr erneuert worden.

Handelte es sich vielleicht um einen Bettler, der die Kleidung eines anderen trug?

Es war Nachmittag am 7. Juni 1926, einige Passanten hatten sich dem Unfallort schon genähert: Die Gran Via, zwischen den Straßen Girona und Bailèn, im Zentrum Barcelonas.

Ein Straßenbahnwagen hat ihn überfahren, erzählte man sich über den noch atmenden Alten, und mit Mühe und Not wurde er in eine drei Straßen weiter gelegene Unfallstation geschafft.

Er hatte keinerlei Papiere bei sich, mit denen man ihn hätte identifizieren können. Lediglich eine Handvoll Rosinen und Erdnüsse wurden in einer Jackentasche gefunden. In der anderen Tasche, ein zerknittertes Buch: Das Evangelium.

Offenbar konnte er, auf die beharrlichen Fragen der Pfleger hin, noch seinen Namen stammeln, bevor er das

Bewusstsein verlor. In einem Krankenwagen wurde er dann ins Hospital de la Santa Creu überführt, ein kaltes gotisches Gebäude des mittelalterlichen Barcelona, ein Ort für umherirrende Bettler, für Obdachlose ohne Familie, für Arme.

II

Der Name des Verletzten, wenn er überhaupt zu verstehen war, scheint den Pflegern nichts gesagt zu haben. Der Sterbende wurde jedoch am Tag darauf vom Kapellan der Kirche Sagrada Família, Pater Gil Parés, identifiziert: Der Unbekannte war kein anderer als der Architekt Antoni Gaudí i Cornet, visionärer Erbauer der Kirche Sagrada Família.

Zwei Tage später, gegen 5 Uhr nachmittags, starb Gaudí an den Folgen des Unfalls. Er starb in einem schlichten Eisenbett, in einem kleinen Zimmer des Armenkrankenhauses.

Ein einfaches Heiligenbild der Jungfrau Maria und ein paar schwarze Rosenkränze, die an der Wand hingen, waren der einzige Schmuck in diesem schlicht eingerichteten Raum.

74 Jahre war er alt und hinterließ keine Nachkommen.

In den letzten Jahren seines Lebens hatte er sich mit Leib und Seele dem Bau einer Art Kathedrale des 20. Jahrhunderts verschrieben, einer einzigartigen Kirche, der Sagrada Família. Die Finanzierung der Arbeiten war immer ungewisser geworden. Er fand sich umgeben vom Unverständnis der einen, von der schweigsamen Bewunderung der anderen, von der Kritik der Künstler, die als modern galten, vom unerbittlichen Spott der Karrikaturisten in den Zeitungen.

Laut Josep Pla, einem bekannten Journalisten der Epoche, «hatte Gaudí einen ausgezeichneten Ruf gehabt, sein Schaffen an der Sagrada Família kam jedoch nur inmitten einer lebhaften öffentlichen Auseinandersetzung voran. Bei großen Teilen der intelektuellen Schichten in Barcelona war er Gegenstand ständiger Kritik.»

Die Bauarbeiten an der Sagrada Família, im Volksmund – auch manchmal abschätzig – «die Kathedrale der Armen» genannt, schritten nur langsam und nur dank der Almosen der Gläubigen fort.

Der Architekt hatte darauf verzichtet, einen Lohn zu beziehen, und war selbst einer derjenigen, die um Almosen baten. Der Journalist Josep Pla schrieb: «Zuletzt war Gaudí nicht nur ein wirklicher Armer, er übernahm auch die ganze Art, es zu sein.»

Doch Gaudís Begräbnis am Samstag, dem 12. Juni, erschütterte die Stadt Barcelona wie eine Implosion im luftleeren Raum. Tiefe Stille breitete sich in der katalanischen Hauptstadt aus.

Ein von schwarzen Pferden gezogener Totenwagen überführte den Verstorbenen zur Bestattung in die Krypta der Sagrada Família. Dem Zug folgten die Blicke der einfachen Leute, die sich in ständig zunehmender Zahl schweigend auf den mit Damast und schwarzen Bändern behangenen Balkonen einfanden.

Ein mit der Berichterstattung beauftragter Journalist der städtischen Tageszeitung «La Vanguardia» füllte eine ganze Seite des Blattes in kleiner Zeitungsschrift, aber es fehlten ihm Ausdrücke, um die Trauer der Menschen zu beschreiben. Er beschränkte sich darauf, fünfmal zu wiederholen, dass die Beerdigung «überwältigend» war.

III

In jenem Sommer 1926 befand sich ein kleinwüchsiger Mann mit runder Intelektuellenbrille, der japanische Professor Kenji Imai, auf der langen und beschwerlichen Fahrt - mit Schiff und Zug - vom Land der aufgehenden Sonne nach Europa. Es war seine erste Reise auf den alten Kontinent. Sein einziges Anliegen war es, drei Männer persönlich kennenzulernen. Nur drei, die er für die Pioniere der europäischen Architektur hielt: den Schweden Ostberg, den Schweizer Steiner und... Gaudí.

Aber Telegramme kamen damals oft erst nach Tagen bei den Reisenden an, wenn auch andererseits noch nicht die ganze Welt durch den Virus Geschwindigkeit und Hektik angesteckt war.

Jedenfalls erfuhr Professor Kenji nach seiner langen Pilgerfahrt bei der Ankunft in Barcelona, dass der ehrwürdige Herr Antoni Gaudí vor kurzem verstorben war.

Allein und in Gedanken verloren begab sich Professor Kenji Imai zum Grab des bewunderten Meisters, das er im Boden der Krypta in der Kirche Sagrada Família fand, und schrieb:

«Es war ein regnerischer Tag, die Arbeiter schlugen wunderliche Formen aus den Steinen. Ein Arbeiter begleitete mich zur Krypta, einem melancholischen Ort, in den düsteres Licht drang. Draußen wucherten Efeu und Unkraut zwischen Teilen der Kapitelle und anderen in Stein gehauenen Formen. Ich sah nach oben und entdeckte das Wort[1] «Hosianna» an den Türmen geschrieben... Plötzlich verdunkelte Trauer mein Herz, ich ging.»

1. Hosianna: «Hilf doch, Herr!» Alttestamentarischer Gebetsruf, der in die christliche Liturgie übernommen wurde.

KAPITEL 2

Die Abstammung

I

Der Name Gaudí ist seit dem 17. Jahrhundert in Katalonien verbreitet, er stammt jedoch nicht aus dem Land. Sein Ursprung muss jenseits der Pyrenäen gesucht werden.

In der Lombardei und anderen italienischen Regionen findet im 5., 6. und 7. Jahrhundert der Eigenname *Gaudens* oder *Gaudenci* Verbreitung. Er scheint lateinischen Ursprungs zu sein, mehrere im christlichen Martyrologium aufgeführte Geistliche tragen diesen Namen. Auch eine Ortschaft in Südfrankreich ist nach einem von ihnen benannt: Saint-Gaudens.

Aber wo auch immer die Herkunft des Namens zu finden ist, Gaudí, katalonische Variante von Gaudy oder Gaudin, ist ein typischer Name im Zentrum und im Süden Frankreichs und in der französischen Schweiz. Er hat sich auch in anderen französischsprachigen Regionen verbreitet, etwa in der Normandie und in Wallonien (Südbelgien).

Viele Träger dieses Namens haben in der Geschichte einen besonderen Platz eingenommen. Der Grammatiker Jean Gaudin wurde 1617 in Poitiers geboren. Michel-Charles Gaudin, Finanzminister Napoleons, kam 1756 in Saint-Dénis zur Welt.

Marc-Antoine-Augustin Gaudin, geboren 1804 in Saintes (Poitou), war einer der bedeutenden Physiker seiner Zeit.

Im 19. und 20. Jahrhundert war in Frankreich eine Familie von Glasmalern mit dem Familiennamen Gaudin sehr bekannt.

Die französischsprachige Schweiz ist die Heimat des großen Botanikers Jean-François Gaudin (Longirod, 1766); des Schriftstellers Jean-Aimé Gaudy-Lefort (Genf, 1773) und des Naturkundlers Charles-Théophile Gaudin (Lausanne, 1822).

Die deutsche Literaturgeschichte erwähnt François-Bernard, Baron von Gaudy. Er wurde im Jahr 1800 in Frankfurt an der Oder (Deutschland) geboren.

II

Über Jahrhunderte hinweg verwendete man in Katalonien vorwiegend nur einen Familiennamen, den Namen des Vaters, so wie es auch in England, Frankreich und anderen nordeuropäischen Ländern Brauch ist.

Im Königreich Kastillien dagegen galt von alters her eine andere Regelung, die schließlich auch Gesetz im spanischen Staat wurde: Dem Familiennamen des Vaters folgte der der Mutter.

Mit aus diesem Grund setzte es sich unter der spanischen Verwaltung in Katalonien durch, die Namen von Vater und Mutter anzugeben und beide Namen durch ein «i» zu trennen. In spanischen Veröffentlichungen wird der Architekt der Sagrada Família heute unter Verwendung beider Namen genannt: Gaudí i Cornet.

Aber nicht nur wegen der Gepflogenheiten bei der Namensgebung muss hier die Herkunft mütterlicherseits erwähnt werden.

Vererbungsgesetze und –wissenschaft, persönliche Beobachtungsgabe, Volksweisheit und natürlich der gesunde Menschenverstand zeigen, dass bei einem Individuum der Einfluss der mütterlichen Abstammungslinie genauso groß oder größer als der von väterlicher Seite sein kann.

Herkunft und Geschichte der Linie Cornet sind weitgehend bekannt.

Das katalanische Wort *cornet* stammt vom lateinischen *cornetum*. Es bezeichnet einen Ort mit üppigem Bewuchs von sogenannten *corners*, einer in den Eichenwäldern verbreiteten Strauchart.

Mitte des 14. Jahrhunderts wird bereits eine Familie mit Namen Cornet urkundlich erwähnt, als Eigentümerin eines Hauses in der Straße Argent in Igualada, einer Stadt im Zentrum Kataloniens.

Es ist bekannt, dass die direkten Vorfahren väterlicherseits von Antònia Cornet, der Mutter Gaudís, aus Cal Cornet stammten. Dieses Haus steht im Dorf Sant Gallard, in der Nähe der mittelalterlichen Ortschaft Santa Coloma de Queralt, etwa 30 Kilometer von Igualada entfernt.

Sant Gallard liegt geschützt auf einem Hügel. Der fast unbewohnte Ortskern ist dicht um eine kleine Kirche im romanischen Stil angelegt. Sie trägt den merkwürdigen Widmungstitel Jungfrau der Milch und gehört heute zur Diözese Tarragona.

Cal Cornet ist ein abweisendes, quadratisches Gebäude mit zwei Stockwerken und Giebeldach, es liegt direkt gegenüber der Kirche. Die wenigen Anwohner aus der Umgebung versichern, das Haus immer verschlossen gesehen zu haben.

Das Dorf Sant Gallard gehört zur Gemeinde Les Piles und, nach der von der katalanischen Landesregierung festgelegten Einteilung, zur Gemarkung Conca del Barberà.

Sollte den Ort etwas außergewöhnliches auszeichnen, so vielleicht dies: Keine Reiseagentur wird wissen, wo er ist, oder sagen können, wie man am besten hinkommt: nach Sant Gallard.

KAPITEL 3

Die Geschichte der Kupferschmiede

I

Die Wiege bedeutender Persönlichkeiten pflegt in bescheidenen Heimen zu stehen. Gaudí wuchs in einer Handwerkerfamilie auf.

Der erste Vorfahre Gaudís von väterlicher Seite, den man in Katalonien urkundlich aufgeführt findet, ist Joan Gaudí, ein junger Einwanderer aus der Auvergne (Südfrankreich), der gegen 1630 in Camp de Tarragona, südöstlich von Barcelona, als wandernder Händler tätig war.

In den Archiven der Pfarrei sind als Eltern Antoni und Joana Gaudí angegeben, Einwohner eines kleinen Dorfes namens Sant Quintí, unweit des Flusses Sioule bei der Stadt Clermont-Ferrand gelegen.

Alvernia gehörte zum Königreich Frankreich, seine Bewohner sprachen jedoch nicht Französisch sondern Altprovenzalisch. In dieser Sprache hatten die provenzalischen Minnesänger im 11. und 12. Jahrhundert geschrieben, aber auch noch im 19. Jahrhundert veröffentlichte der provenzalische Schriftsteller Frederic Mistral in Altprovenzalisch. Im Jahr 1905 erhielt er den Nobelpreis für Literatur.

Es war - und ist - eine dem Katalanischen sehr verwandte Sprache mit demselben ethnolinguistischen Ursprung. Viele provenzalische und katalanische Familiennamen weisen die gleiche Schreibweise auf.

Während des 16. und 17. Jahrhunderts herrschten in den meisten vom französischen Königreich unterworfenen

Ortschaften ständige Unruhen und Elend. Zunächst lag dies an den Expansionskriegen der Monarchie, danach waren die brutalen Religionskriege zwischen Katholiken und Protestanten die Ursache.

Krieg und Hunger hatten Ströme von Auswanderern zur Folge, die von Südfrankreich aus die Pyrenäen überquerten. Die meisten wandten sich nach Katalonien, das damals dünn besiedelt war und nur eine vorherrschende Religion hatte: die der römisch-katholischen Kirche.

Um das Jahr 1650 waren annähernd 15 Prozent der Bevölkerung im Fürstentum Katalonien provenzalische Einwanderer.

Viele waren Handwerker, andere Hirten, und einige mussten ihr Auskommen wie der junge Joan Gaudí als wandernde Händler suchen.

Es war eine mühsame Arbeit für junge Männer. Sie trugen Hanfschuhwerk und gingen bei jedem Wetter zu Fuß von Dorf zu Dorf, von Anwesen zu Anwesen, auf dem Rücken große Ranzen voller Kleidung und Kochgeschirr.

Man erkannte sie schon von weitem an ihrem typischen Ruf, mit dem sie die Aufmerksamkeit der Hausfrauen auf sich lenkten, wenn sie in ein Dorf kamen oder sich einem Anwesen näherten: «Händler! Ihr Frauen!» Diese Art sich anzukündigen wurde populär und schließlich auch vom Volksmund aufgegriffen. «Cal Marxant-Dones» (Haus «Händler-Frauen») ist auch noch heute ein in Igualada üblicher Ausdruck.

Auf seinen ungewissen Routen als wandernder Händler gelangte der junge Joan Gaudí nach Riudoms, einer Pfarrei in Camp de Tarragona mit unter tausend Einwohnern. Dort heiratete er 1634 Maria Escura, ebenfalls provenzalischer Abstammung. Es war damals üblich, dass die Hochzeit im Dorf der Braut gefeiert wurde.

II

Die meisten Nachkommen des Ehepaares waren in landwirtschaftlichen Berufen tätig. Der künftige Architekt Antoni Gaudí kam dagegen in einer Familie zur Welt, die auf Seiten des Vaters und der Mutter seit Generationen den Beruf des Kupferschmieds ausübte.

Der Vater Francesc Gaudí, geboren 1813 in Riudoms und Sohn und Enkel von Kupferschmieden, heiratete 1843 die Tochter eines Kupferschmieds und Enkelin eines Kupferkunsthandwerkers, Antònia Cornet. Das Handwerk des Kupferschmieds war ein guter Beruf, unter den Handwerkern herrschte Zunftgeist und eine gewisse Art zunftinterne Heiratsordnung.

Wie der Name schon andeutet, bestand die Arbeit darin, Kupfer- oder Eisenkessel zum Erhitzen und Kochen von Wasser herzustellen.

Es gab keinen katalanischen Bauernhof, wo nicht in der Küche ein großer oder kleinerer Kessel an den Kesselhaken über der Feuerstelle hing.

Man fertigte auch Schöpfeimer, eine Art Topf mit zwei Spannen langem Stiel, mit dem die Frauen das Wasser aus den Brunnen der Anwesen schöpften.

Die Kaplane hielten in diesen Schöpfeimern oft das Weihwasser für den Gottesdienst bereit.

Destilierkolben und andere Apparaturen für die Schnapsbrennereien waren ebenfalls Werk der Kupferschmiede. Damals gab es viele Weinberge in Camp de Tarragona und die Herstellung von Schnaps trug zum Gedeihen des Dorfes Riudoms und der Stadt Reus bei.

III

In das neugegründete Heim der Gaudí-Cornets brachte das Schicksal zunächst mehr Tränen und Trübsal als Freude. Zwei ihrer Kinder starben jung.

Doch so steht es geschrieben:

«Es gibt eine Zeit zu weinen
und eine Zeit zu lachen,
eine Zeit zu klagen
und eine Zeit zu tanzen.»

Und das jüngste Kind, Antoni Gaudí i Cornet, Sohn, Enkel und Urenkel einfacher Kupferschmiede, war dazu ausersehen, seine Eltern zu überleben und die Aufmerksamkeit der fünf Kontinente auf sich zu ziehen.

KAPITEL 4

Der Garten der sieben Geheimnisse

I

Antoni Gaudí war das fünfte und letzte Kind der Eheleute Francesc Gaudí, Kupferschmied aus Riudoms, und Antònia Cornet, die aus einer in Reus ansässigen Familie von Kupferschmieden stammte.

Zuerst wurde eine Tochter geboren, Rosa, die bald eine schwächliche körperliche Verfassung erkennen ließ.

Als zweite, wieder eine Tochter, Maria, die mit viereinhalb Jahren starb.

Drei Monate darauf starb der dritte, ein auf den Namen Francesc getaufter Sohn, im Alter von nur zwei Jahren.

Der vierte Sohn, ebenfalls auf den Namen Francesc getauft, war die Hoffnung seiner Eltern. Aber diese Hoffnung sollte in der Blüte der Jugend ein jähes Ende finden.

Der fünfte, Anton – wie er in der Familie genannt wurde – war von klein auf kränklich.

Mitte des 19. Jahrhunderts waren zwar die meisten europäischen Haushalte von der hohen Kindersterblichkeit betroffen, dass aber eine Familie fünf kranke Kinder hatte, kam doch nicht so häufig vor. Und es bedarf keiner großen Anstrengung, sich die düstere Stimmung vorzustellen, die in der frühen Kindheit des letzten Sohnes im Heim der Gaudí-Cornets herrschte.

II

In den Archiven ist keine Urkunde zu finden, die das Geburtshaus und den genauen Geburtsort des künftigen Architekten belegen könnte. Die zwei Wohnstätten der Gaudís in Riudoms sind dagegen sehr gut bekannt und bis heute erhalten: Ein Haus mit abgeteilten Räumen in einem bescheidenen Viertel im Ortskern des Dorfes und das außerhalb des Ortes gelegene «Mas de la Calderera» (ein kleines Gebäude aus Naturstein, auf dem offenbar um 1923 das Bauernhaus errichtet wurde, das man heute sehen kann).

Zwei Häuser in Reus, auch mit abgeteilten Räumen, waren Eigentum der Familie Cornet und somit der Mutter Gaudís.

Angaben des Vereinsvorstands «Amics de Gaudí» in Reus zufolge, wurde der spätere Architekt in einem niedrigen Haus dieser Industriestadt geboren, in der Straße Sant Joan Nummer 4. Leider wurde das Haus - vor 1903 - abgerissen und wie andere anliegende Häuser durch ein hohes Gebäude mit Erdgeschoss und drei Stockwerken ersetzt, das in den fünfziger Jahren Eigentum der Banco Hispano Americano war.

Im Pfarramtsregister der Kirche Sant Pere in Reus, deren gotischer Glockenturm von weitem zu sehen ist, wird die Taufurkunde oder Beglaubigung der Taufe aufbewahrt.

Die Eintragung vom 26. Juni 1852 ist in katalanischer Sprache abgefasst und besagt in etwa:

«*Im Taufwasser der Pfarrei Sant Pere Apòstol von Reus wurde Anton, Placito (oder Plàcid), Guillem getauft, geboren gestern um halb zehn Uhr morgens, Sohn von Francisco Gaudí, Kupferschmied aus Riudoms und Antònia Cornet, aus Reus, Eheleute.*

Großeltern väterlicherseits: Francisco Gaudí, Kupferschmied aus Riudoms, und Rosa Serra, aus Reus.

Großeltern mütterlicherseits: Anton Cornet, Kupferschmied aus Reus, und Maria Bertran, aus Tarragona.

Paten: Placito (oder Plàcid), Drechsler aus Riudoms, und Raimunda Gaudí, aus Barcelona.

In den katholischen Ländern wurden die Kinder sofort nach der Geburt getauft, in dieser Hinsicht waren weder Katalonien noch Spanien eine Ausnahme. Und da der Taufschein zu dieser Zeit als Geburtsurkunde galt, können wir hier diesbezüglich einhalten und mit der Geschichte fortfahren.

III

Die Gaudí-Cornets hatten damals Wohnsitz und Kupferschmiede in der Stadt Reus. Von dort aus gingen sie eine Stunde zu Fuß nach Riudoms, wo sie Haus und Land behalten hatten. Vom Ortskern in Riudoms bis Mas de la Calderera war es eine weitere halbe Stunde.

In der Regenzeit, im Herbst und im Winter, lag das Gehöft oft abgeschnitten zwischen einem Bachlauf und einem Flüsschen. Wenn aber das Wetter schön wurde, war der Weg ein Spaziergang.

Das mit Reben bepflanzte Gelände maß nicht ganz drei Jornals,[2] etwa einen Hektar. In der Mitte stand das Bauernhaus, so schmucklos wie viele andere in der Umgebung. Das Erdgeschoss mit ungefliestem Boden aus gestampfter Erde diente als Stall und zur Aufbewahrung der Arbeitsgeräte.

Eine schmale unsichere Stiege führte in den oberen Teil, einen Wohnraum oder Saal ohne Zwischenwände, der als Speicher aber auch gleichzeitig als Schlafraum genutzt wurde.

Die Flecken an den undichten Stellen waren nicht zu übersehen. Das Dach aus arabischen Ziegeln hatte mit den Jahren den orangefarbenen Ton verloren, und sicher war mehr als ein Ziegel zerbrochen.

Es gab keine Küche. Man kochte im Freien, an einer Feuerstelle auf dem Boden, und dort wurde auch gegessen.

2. Jornal: Altes katalanisches Feldmaß. Ein Jornal war die Fläche Land, die in der Landwirtschaft dem Tageswerk einer Person entsprach.

Im Sommer musste man auf dem Gehöft sein, um gegen den Mehltau anzugehen, der Reben und Trauben befiel. Im September, zur Weinlese, wurden viele Hände zum Sammeln der Trauben benötigt, und zweifellos befand sich dann die ganze Familie auf dem Gehöft und arbeitete.

Der kleine Anton hielt sich oft auf dem Gehöft auf. Oft - und einige Male bestimmt länger als vorgesehen.

Die Mutter hatte ihn erst spät abstillen können, er wuchs mit Schwierigkeiten heran. Im Alter von etwa fünf Jahren begann er unter so starken Schmerzen zu leiden, dass ihm das Gehen unmöglich wurde. Die Diagnose der Ärzte war eindeutig: Gelenkrheumatismus.

Manchmal wurde er, wenn er nicht laufen konnte, auf einen Esel gesetzt und am Weinberg entlang spazierengeführt.

Oder er spielte am Hühnerstall mit Stöckchen und Schilfrohr, fing Eidechsen und beobachtete die verschiedenen Insekten auf dem Gehöft.

Statt also wie sein großer Bruder zu spielen und auf dem Feld herumzutollen oder wie seine Schwester zu arbeiten und den Eltern zu helfen, begann der kleine Anton Gaudí, wie später der heranwachsende, die Welt mit anderen Augen zu sehen als seinesgleichen.

Die Welt war ein unbequemer und seltsamer Lebensraum. Aber das Gehöft seiner Eltern und die Felder der Umgebung hatten sich in den Garten der sieben Geheimnisse verwandelt.

Dort waren die Spinnen Baumeister, die Brücken über die Flüsse errichteten.

Die Blüten wurden aus Kelchen geboren, aus heiligen Pokalen.

Die Schneckenhäuser waren wie Spiralen gedreht. In Spiralform wuchsen die Knospen des Klatschmohns auf den Feldern. Die Schlangen ruhten als Spiralen unter den Steinen.

Und auch die knorrigen Baumstümpfe der Olivenbäume waren wie Spiralen eingedreht. Spiralen waren die Nerven und das Skelett, sie hielten die Welt zusammen.

Die kleinen Mauereidechsen waren Kobolde, die sich in den Löchern der Wand versteckten, die großen Eidechsen waren Drachen, die in tiefen Höhlen hausten.

Die Kamine auf den Dächern der Bauernhäuser waren gepanzerte Krieger aus einer anderen Galaxie.

Die Schilfrohre waren Lanzen, die Palmenblätter Schilde.

Die bescheidenen, Stein für Stein errichteten Hütten der Schäfer waren Paläste.

Den großen, schiefen Stämmen der Johannisbrotbäume entsprangen riesige Wurzeln, und die Stämme der heiligen Bäume waren die Säulen des Tempels.

KAPITEL 5

Schornsteine und Kirchtürme oder die drei Romantiker

I

Aus den hohen Schornsteinen der Ziegeleien stieg der Rauch.

Wiehernde Pferde zogen große, mit Fässern beladene Wagen.

Laut fluchend trieben die Kutscher mit Peitschenhieben die Tiere an.

Mitte des 19. Jahrhunderts war Reus nach Einwohnern - fast 27000 - die zweitgrößte Stadt im Fürstentum Katalonien und ein lärmend geschäftiges Industrie- und Handelszentrum Südeuropas.

Im 18. Jahrhundert hatten sich englische Händler niedergelassen und zum internationalen Ruhm beigetragen. In Reus festgelegte Preise wurden wie die Börsennotierungen in Paris und London auf der ganzen Welt berücksichtigt.

In den Fabriken wurden Baumwolle und Seide gesponnen, seit dem Mittelalter wurde ununterbrochen Schnaps hergestellt und ausgeführt.

Und gerade das Schnapsbrennen mittels Destilierkolben verschaffte den Handwerkern Arbeit, zum Beispiel den Fassbindern, den Kupferschmieden und den Kesselbauern.

Außer Kesseln stellte Francesc Gaudí, der Vater des späteren Archtekten, in seiner Werkstatt auch Kupferrohre und Rinnen her, mit denen die Destilierkolben ausgerüstet wurden.

Die Rohre sind wie Schlangen eingedreht, weshalb sie auch *serpentins* genannt werden. Geometrisch gesehen sind es Spiralen oder Schneckenlinien, also Helixformen. Die Phantasie der Kinder und das einfache Volk sahen in ihnen jedoch immer die beunruhigende Schlangenform.

II

Destilierkolben und Serpentinrohre waren die gleichen Gerätschaften, mit denen die Alchimisten im Mittelalter versucht hatten, Blei in Gold zu verwandeln.

Das Experiment der Alchimisten war fehlgeschlagen, ein nicht weniger aufsehenerregender Versuch dagegen hatte zum Erfolg geführt: Die Verwandlung einer faden, gezuckerten Flüssigkeit wie der Traubenmaische in ein berauschendes Gebräu, das ohne Maß genossen, Visionen hervorrief. Geblendet von ihrer eigenen Erfindung gaben ihm unsere Vorfahren den lateinischen Namen *aqua vitae*, «Lebenswasser» oder Schnaps.

Die Kupferkunsthandwerker und –schmiede machten aus ihrer Arbeit kein Geheimnis, im Gegenteil, eigentlich hatten die Serpentinrohre schon immer die Neugier der Schaulustigen, der Hobbyesoteriker und Steuereintreiber auf sich gezogen. Aber so wie die Hanfschuhmacher, die Schuster und Zimmermänner ihre Arbeit vor aller Augen verrichteten, so waren die Hersteller der Serpentinrohre in dunklen Werkstätten tätig.

Sicher hat der heranwachsende Anton Gaudí viele Stunden an der Seite seines Vaters verbracht, ihm bei der Arbeit zugesehen oder bei leichten Arbeiten geholfen, wenn es ihm die Gesundheit erlaubte.

Abends warf der flackernde Schein der Kerzen und Öllampen die Schatten der Serpentinrohre an die balkengestützte Decke. Jeder leichte Luftzug an der Flamme, der kleinste Handgriff des Kupferschmieds genügten, den riesigen Schatten in der Tiefe der Werkstatt erzittern zu lassen.

Lautlos wie eine Schlange glitt der Schatten über die Wände, an denen unzählige Werkzeuge hingen: Fäustel, Messer, Stichel, Klemmen, Feilen, Schraubzwingen, Zangen, der Kupferdraht, Kupferbleche und andere Arbeitsgeräte.

Das zuckende Abbild der Schlange, des bösartigsten aller Tiere, das den mythologischen Drachen verkörpert, lauerte in der Dunkelheit.

Wer weiß, welche Visionen die metallene Welt der Kupferschmiedwerkstatt voller seltsamer Gegenstände dem Jungen eingab!

III

Die Einkünfte der Handwerker waren großen Schwankungen unterworfen.

In schlechten Zeiten mussten sie auf jede erdenkliche Art ihr Auskommen finden. Es ist überliefert, dass eine der Frauen der Familie Gaudí-Cornet wiederholt das Haus gutgestellter Nachbarn in Reus aufsuchte, um übriggebliebenes Essen, gebrauchte Kleidung, Schuhe oder kleine Gaben entgegenzunehmen.

Wenn das Glück auf ihrer Seite war, konnten die Handwerker mit der Zeit einen kleinen Besitz ihr eigen nennen: Von den Vorfahren geerbte Weinberge oder Häuschen und ein paar gesparte Groschen, wenn die Kinder etwas beisteuern konnten. Jenen aber eine Schulbildung zu ermöglichen, die über die Grundschule hinausging, kam den Eltern nicht einmal in den Sinn.

Im Gegenteil, ihnen lag daran, dass ihre Nachkommenschaft so früh wie möglich begann, ein bisschen Kleingeld zu verdienen. Es scheint, dass Anton Gaudí in seiner Kindheit als Feuerentfacher in einer Fabrik zu arbeiten begann, die Fäden und Tuch aus Baumwolle herstellte. Sie wurde von den Leuten «El Vapor Nou» (Die Neue Dampfmaschine) genannt.

Mit einem schwarzen halblangem Kittel und ärmlichen Hanfschuhen bekleidet hatte der Feuerentfacher den Blasebalg zu bedienen, der das Feuer unter dem Dampfkessel anschürte.

Es war kein Traumberuf für einen Jungen mit angeschlagener Gesundheit, Frischluftfanatiker zudem, aber die ruhe- und rastlose Industrialisierung kannte kein Erbarmen.

Die Bedingungen am Arbeitsplatz im Inneren der Fabrik waren brutal, und alle Tage der Woche, Sonntag also eingeschlossen, waren damals Werktage. Im spanischen Staat - dessen Gesetzen das Fürstentum Katalonien unterworfen war - wurde der Sonntag erst 1904 gesetzlich zum Ruhetag erklärt!

Aber selbst in den dunkelsten Momenten kommt von irgendwo ein Licht. Es wird erzählt, dass Joan Tarrats, Besitzer der «Vapor Nou», den Feuerentfacher Anton Gaudí eines Tages mit einem Buch in einer Ecke der Fabrik erwischte. Aber statt ihn zu schimpfen, wollte er wissen, was für ein Buch das sei.

«Eins über Arithmetik», antwortete der Junge ein bisschen erschrocken.

Der Gaudí-Forscher Jordi Elias erzählt: «Das Interesse des Lehrlings muss Joan Tarrats überrascht haben. Er versprach, am folgenden Tag ein Buch mitzubringen, das ihm noch besser gefallen würde. Das neue Buch war ein Band über Geometrie... Vielleicht erahnte der Fabrikant in ihm ein außergewöhnliches Talent, und dass dieses Talent in der Fabrik verkümmerte. Es muss einige Gespräche mit dem Vater gegeben haben, bei denen der Fabrikant empfahl, dass der Junge studieren sollte...»

Laut J. Elias muss der gutmütige Fabrikant Tarrats auf irgendeine Art dabei geholfen haben, dass der junge Anton Gaudí das Gymnasium besuchen konnte. Ähnlich hatte es sich schon bei Francesc Gaudí verhalten, dem älteren Bruder des späteren Architekten, der nach der Gymnasialzeit Medizin in Barcelona studieren sollte.

Außerdem verkaufte die Mutter der Jungen Teile des von ihren Vorfahren Cornet geerbten Besitzes, um ihrem jüngsten Sohn das Studium zu ermöglichen. Es liegt nahe anzunehmen, dass sie zuvor genauso bei dem Ältesten vorgegangen war.

Wie dem aber auch sein mag, Anton Gaudí kam im Alter von 11 Jahren auf die Schule Escoles Pies der Piaristen in Reus. Sie war kostenlos und wurde mittels privater Spenden und eines Vertrags mit der Gemeinde finanziert.

Die Piaristen waren zwar ein religiöser Orden – im Jahr 1600 in Rom gegründet - im Unterricht wurden aber die Naturwissenschaften gelehrt. Die Schule war auf die Erziehung der einfachen Volksschichten ausgerichtet und genoss sowohl in Katalonien und Aragon als auch in verschiedenen Ländern Mitteleuropas Ansehen.

Während der Gymnasialzeit bei den Piaristen wurde gelehrt, dass die einzig wahre Religion die katholische, apostolische und römische sei. Aber die Geometrie kam von Euklid, die Mechanik von Newton, die Naturkunde von Linné. Und sich diese Kenntnisse aneignen zu können, war damals schon viel für einen einfachen Handwerkersohn.

IV

Die ersten Jahre der Gymnasialzeit im Haus der Piaristen kosteten Anton Gaudí viel Schweiß und Tränen. Einige «Nicht Bestanden» kamen zusammen, in verschiedenen Fächern bekam er schlechte Noten.

Er war rheumatischen Schmerzen ausgesetzt, von unabhängigem Charakter, introvertiert, eigensinnig und nachdenklich. So fand er sich weder mit der Gruppendisziplin noch mit der Schulroutine zurecht. Die Lehrer konnten ihn nicht für einen guten Schüler halten.

Und die meisten der anderen Schüler, die natürlich ihren Spaß haben wollten, sahen keinen guten Kameraden in diesem Jungen, der kein großer Freund von Späßen war, sich absonderte und sich nicht an die unreflektierte Leere in der Gruppe anschloss.

Weder die Schule noch das lebhafte Treiben in der Stadt gefielen dem jungen Gaudí übermäßig. Dennoch ließ ihn das Gesetz der Gemeinsamkeiten große Freundschaft mit zwei Klassenkameraden knüpfen, die aus der Mittelmäßigkeit herausragten: Josep Ribera, in Gaudís Alter, und Eduard Toda, drei Jahre jünger.

Ribera kam aus Tivissa, einem Ort mit Stadtmauer in einer Gegend voller Johannisbrotbäume und historischer Ruinen. Er wurde mit 15 Jahren Vollwaise. Es war ein schmächtiger Junge mit eingefallenen Augen, der romantische Verse schrieb.

Bei Toda war nicht zu übersehen, dass er ein Patriziersohn aus Reus war. Er hatte eine ausgesprochen hohe Stirn, edle Gesichtszüge und war der Autor einer historischen Abhandlung über das damals verlassene mittelalterliche Kloster Poblet. Er war erst fünfzehn Jahre alt, als sein Buch veröffentlicht wurde.

Bei Gaudí war die ländliche Herkunft leicht ersichtlich. Starker Körperbau, breite Stirn, hervorstehende Backenknochen, große Nase. Jedoch unterschied er sich von seinen Kameraden durch sein blondes, fast rötliches Haar, die rosige Haut und die klaren blauen Augen. Personen mit solchen Merkmalen waren eine Seltenheit in Camp de Tarragona, wo des öfteren ein «sieht aus wie einer aus dem Norden» zu hören war, was dem Betroffenen gar nicht gefiel.

Was seine Neigungen betrifft, so war er ein sehr geschickter Zeichner. Er sah die Details in alten Gebäuden wie es ein erfahrener Bauleiter nicht besser getan hätte.

Den Erzählungen Todas zufolge, die dieser in fortgeschrittenem Alter veröffentlichte, «hatten die drei Freunde außerhalb der Schule ein gemeinsames Interesse: Sie wanderten durch das Land, um historische Orte der Gegend zu besichtigen. Dabei galt ihr Interesse hauptsächlich Plätzen, die in ihnen romantische Gefühle hervorrie-

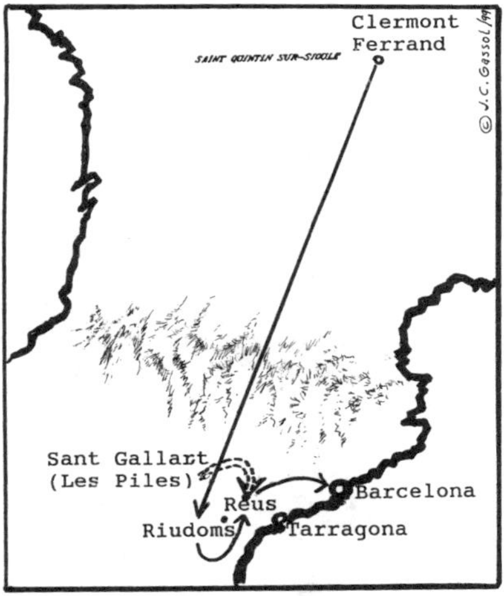

1. Schematische Karte des Ursprungs der Abstammungslinien Gaudí (durchgehend) und Cornet (unterbrochen), der Vorfahren des Architekten Antoni Gaudí.

2. Francesc Gaudí i Serra, Vater des Architekten (Foto: Archiv).

3. Rosa Gaudí i Serra, Tante väterlichereits des Architekten (Foto: Archiv)

4. Francesc Gaudí i Cornet, Bruder der Architekten, Aufnahme aus dem Jahr 1872 (Foto: Ferré, Reus).

5. Haus der Familie Gaudí im Viertel Sant Francesc in Riudoms (Foto: Casa de Cultura de Riudoms).

6. Das Anwesen Mas de la Caldera im Gemeindegebiet von Riudoms, das Eigentum der Familie Gaudí war. (Foto: Casa de la Cultura de Riudoms).

7. Ausflug des Vereins der Katalanisten von Reus, im April 1886 (Foto: Archiv der Erbengemeinschaft Pau Font de Rubinat).

8. Der Architekt Antoni Gaudí i Cornet im Alter von 26 Jahren. (Foto: Museu Comarcal S. Vilaseca, Reus).

9. Das Dorf Riudoms am Anfang des 20. Jahrhunderts (Foto: Roisin, Gemeindearchiv Riudoms).

10. Die Ortschaft Sant Gallard bei Santa Coloma de Queralt, von hier stammen Gaudís Vorfahren mütterlicherseits. (Foto: Salvador Palau, «el Galo»).

11. Haus der Mutter Gaudís in Reus, Aufnahme um 1960 (Foto: Ferré).

12. Ansicht von Reus zu Lebzeiten Gaudís (Foto: Fototeca Municipal de Reus).

13. Plaça de Prim in Reus, um 1910 (Foto: Archiv).

14. Der selige Josep Manyanet, Gründer der Kongregation «Fills de la Sagrada Família, Jesús, Maria i Josep» (Foto: Mit freundlicher Genehmigung von Fills de la Sagrada Família).

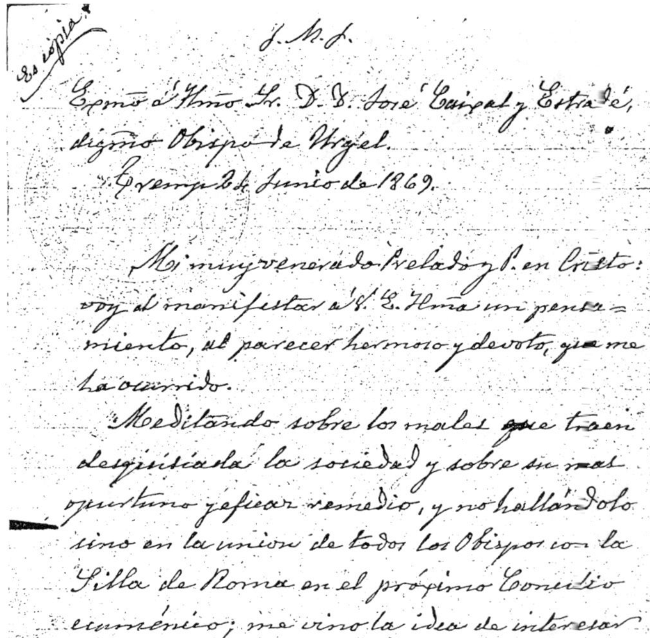

Es copia

J. M. J.

Exmo é Ilmo Sr. D. D. José Caixal y Estradé,
digno Obispo de Urgel.
Tremp 24 Junio de 1869.

Mi muy venerado Prelado y P. en Cristo: voy á manifestar á V. E. Ilma un pensamiento, al parecer hermoso y devoto, que me ha ocurrido.

Meditando sobre los males que traen desquiciada la sociedad y sobre su mas oportuno y eficaz remedio, y no hallándolo sino en la union de todos los Obispos con la Silla de Roma en el próximo Concilio ecuménico; me vino la idea de interesar al glorioso Patriarca S. José en este importantísimo negocio por medio de la ereccion de un templo expiatorio fabricado por la caridad de los españoles, grabando en su frontispicio para memoria de las generaciones futuras estas ó parecidas palabras: "Al glorioso Patriarca S. José Patron de la Iglesia universal y Restaurador de España"

Para no ver defraudadas nuestras esperan-

15-16. Brief des Paters Manyanet vom 24. Juni 1869 an den Bischof von Urgell, in dem er vorschlägt, den Tempel Sagrada Família in Barcelona zu bauen.

lud, empezariamos rezando una misa todos los miércoles á S. José, implorando su poderosa proteccion, y todos los meses otra á María Inmaculada para los piadosos fines de los que se dignaran contribuir con sus limosnas al levantamiento de este magnífico templo.

Espero que V. E. Ilma se dignará darme su parecer caso de merecer su aprobacion. En caso afirmativo, escusado es decir que se daria exacta cuenta de los ingresos y gastos para que nadie pudiera sospechar de la buena inversion de los fondos.

Saluda respetuosamente á V. E. Ilma su afmo súbdito y humilde hijo en Cristo

Q. B. E. P. A. de V. E. Ilma.

José Mañanet Vives, Pbro.

Nota: Este pensamiento lo comuniqué mas tarde al Sr. D. José Bocabella (a) Viuda Pla, de Barcelona, quien lo inició en el Propagador de la devocion á S. José, dando todo esto pie al levantamiento del famoso templo de la Sda. Familia.

17. Josep Bocabella, Gründer der Zeitschrift «El propagador de la devoción a San José,» in der er die Idee des seligen Manyanets verbreitet, Sant Josef , dem Oberhaupt der Heiligen Familie, der Sagrada Família, einen Tempel zu errichten (Foto: Archiv).

18. Die Heilige Familie, Druck aus den ersten Jahren des 20. Jahrhunderts (Foto: Archiv).

19. Antoni Gaudí im Alter von 36 Jahren (Foto: Museu Comarcal S. Vilaseca, Reus).

20. Josefa Moreu, die die Liebe des Architekten nicht erwiderte (Foto: Familie Moreu, mit freundlicher Genehmigung von Herrn Rafel Solé aus Mataró).

21. Kloster Montserrat, 1904. Vorne, sitzend, der Architekt Gaudí und seine Nichte Rosa Egea. In der Mitte, der Vater des Architekten. Hinten links, Pere Santaló, Arzt und Freund der Familie (Foto: Archiv).

22. Werkstatt Gaudís, am Fuß der Kirche Sagrada Família.

23. Gesamtansicht der Sagrada Família, Zeichnung um 1915 (Foto: Archiv).

24. Handzeichnung Gaudís (Foto: Museu Comarcal S. Vilaseca, Reus).

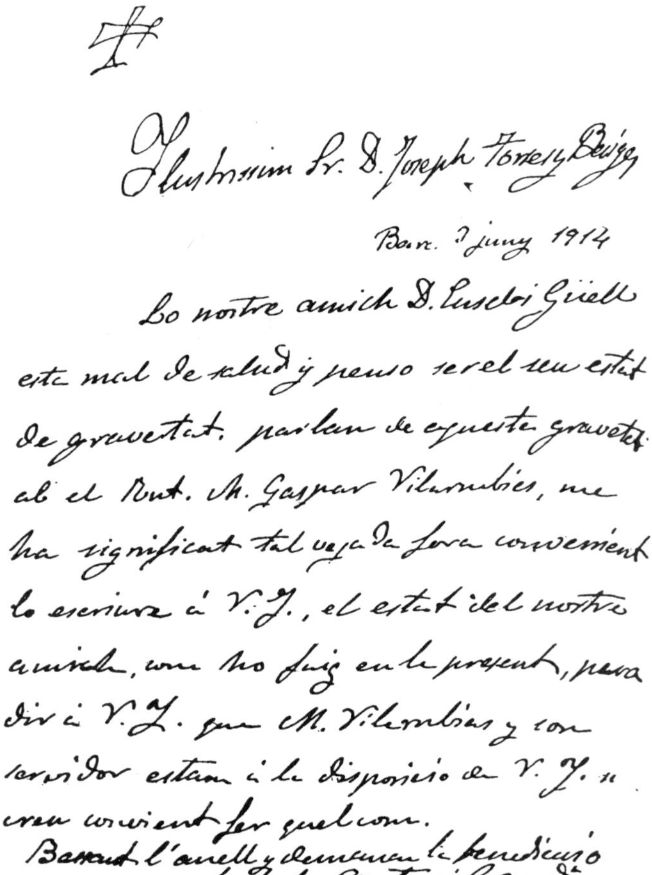

Ilustrissim Sr. D. Joseph Torres y Bages

Barc. 3 juny 1914

Lo nostre amich D. Eusebi Güell esta mal de salud y penso serel seu estat de gravetat. parlant de aquesta gravetat ab el Revt. M. Gaspar Vilarrubias, me ha significat tal vegada fora convenient lo escriure á V. I., el estat del nostre amich, com ho faig en la present, pera dir á V. I. que M. Vilarrubias y son servidor estan á la disposició de V. I. si creu convenient fer quelcom.

Besant l'anell y demanant la benedicció

s. s. s. Antoni Gaudí

25. Handschriftliche Mitteilung Gaudís aus dem Jahr 1914 (Foto: Mit freundlicher Genehmigung von «Amics de Gaudí», Reus).

26. Barcelona im Frühjahr 1924. Die Corpus-Prozession verlässt die Kirche. Im Vordergrund, mit weißem Bart, der Architekt Gaudí (Foto: Branguli/Arxiu Nacional de Catalunya):

27. Entwurf einer Kirche für die Colònia Güell in Santa Coloma de Cervelló (Foto: Archiv).

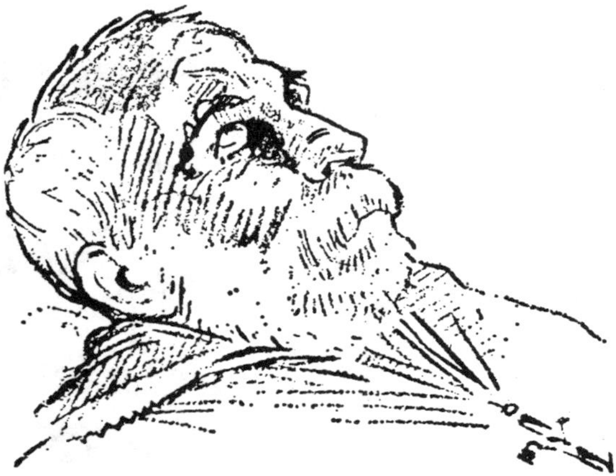

28. Gaudí auf dem Sterbelager (Zeichnug von Renart).

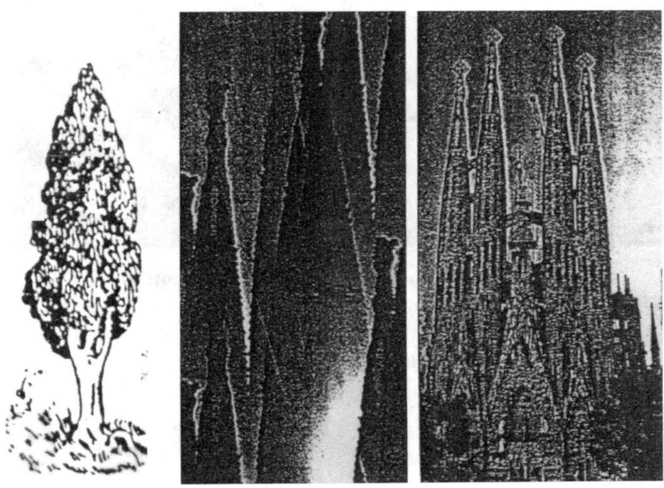

29. Die Türme der Sagrada Família erinnern an die Zypresse, einem alten Symbol der Unvergänglichkeit (Foto: Archiv).

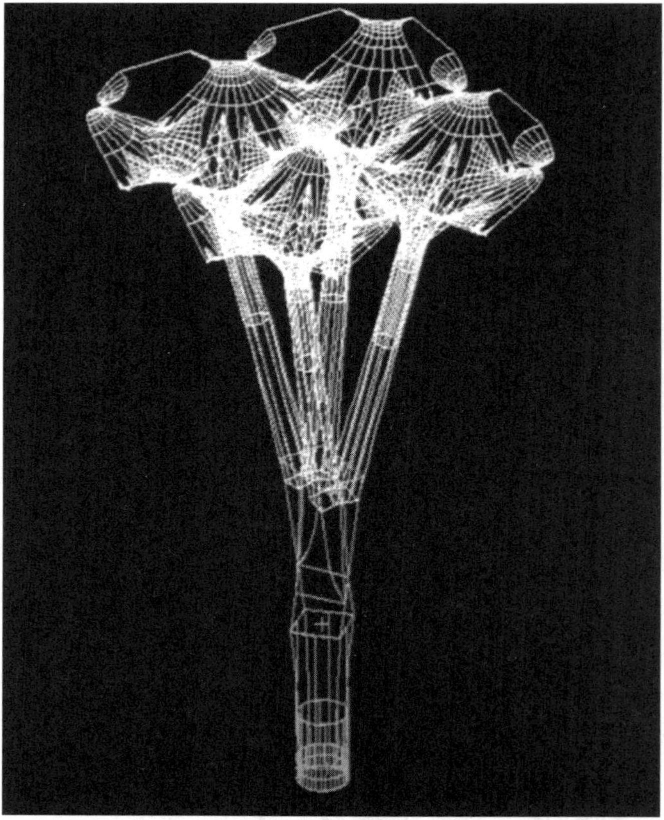

30. Computersimulation der tragenden Elemente im Mittelschiff der Sagrada Família, nach einer Studie von Technikern der Victoria University of Wellington (Neuseeland) und der Universitat Politècnica de Catalunya. Es wurde festgestellt, dass die von Gaudí intuitiv gewählten Formen genauen mathematischen Formeln entsprechen.

31. Büste Gaudís, von Joan Matamala (Foto: Archiv).

32. Die Kirche Sant Pere in Reus, in der Antoni Gaudí getauft wurde. (Foto: Patronat de Turisme in Reus).

33. Im Bau befindliche Westfassade der Sagrada Família.

34. Bereits vollendete Struktur der Sagrada Família: 1. Fassade der Geburt Christi (Ost) 2. Passionsfassade. 3. Turm der Evangelisten. 4, Turm der Jungfrau Maria. 5. Turm des Heilands. 6. Sakristei. 7. Kreuzgang. 8. Apsis. 9. Portal des Glaubens. 10. Portal der Hoffnung. 11. Portal der Nächstenliebe.

35. Die seltsamen Formen des Montserrat, der heilige Berg der Katalanen, haben Gaudí inspiriert.

36. Künstliche Höhle, von Gaudí erdacht und im Montserrat Berg ausgegraben, der Auferstehung Christi gewidmet. Sie ist so ausgeführt, daß die Sonnenstrahlen beim Aufgang der Sonne am Ostermorgen den Grund der Höhle beleuchten.

37. In seinen letzten Lebensjahren war Gaudí's Schaffen ganz dem Werk der Heiligen Familie gewidmet, derart, daß er ganz davon besessen war. Er nahm sogar seine Mahlzeiten am Fuß des Tempels an diesem in einer Ecke seiner Bauhütte stehenden Tisch ein.

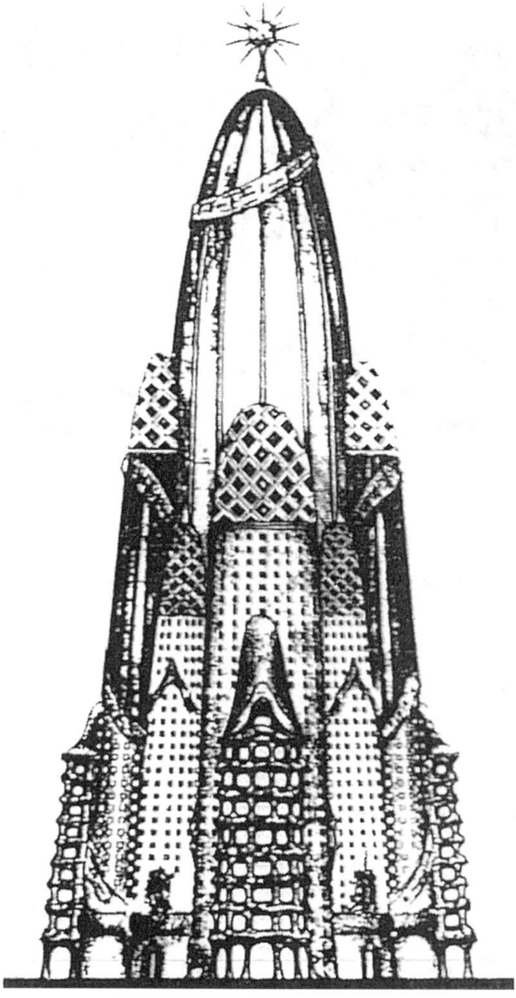

38. Hotel «Attraction» von New York (USA), ein Projekt, das Gaudí 1908 im Auftrag nordamerikanischer Geschäftsleute skizzierte (Zeichnung von J. Matamala, der die Skizze von Gaudí zugrundelag).

39. Kuppel des Palau Güell, in der Nähe von der Rambla in Barcelona. Diese Kuppel war von Gaudí als Symbol des Kosmos erdacht

40. Col·legi de les Teresianes, Barcelona, Werk von Gaudí aus dem Jahr 1889.

fen.» Laut dieser Erzählung fühlte sich Gaudí besonders von Ruinen alter Bauwerke angezogen, von den alten römischen Schmelzöfen etwa, oder von einem nahegelegenen Aquädukt.

Einer dieser Ausflüge führte sie zum verlassenen Kloster Poblet, ungefähr 30 Kilometer von Reus entfernt. Dieses Kloster aus dem 12. Jahrhundert war einst Prunkstück der Zisterzienser, einem Orden, dessen Mönche weiße Kutten trugen und der Ende des 11. Jahrhunderts in Citeaux bei Dijon (Frankreich) gegründet worden war.

Das Kloster hatte Gräber von Königen und Heiligen beherbergt, aber jetzt war es ein trostloser Ort.

Zuerst hatten es 1809 die Truppen Napoleons, des Kaisers der Franzosen, geplündert.

Antiklerikale Milizen aus der Gegend brachten später die zerstörerische Arbeit zu Ende. 1835 wurde das Kloster von einer antiklerikalen Gruppe bedroht, die zuvor einen Konvent in Reus in Brand gesteckt und die meisten Mönche umgebracht hatte. Die Mönche Poblets flohen. Die anschließende Plünderung und die Gleichgültigkeit der örtlichen Behörden besorgten den Rest.

In der idealistischen Vorstellung der drei Gymnasiasten Ribera, Toda und Gaudí stellte Poblet ein Symbol der glorreichen alten Zeiten dar, mit dem Heiligenschein einer auf das idealisierte Mittelalter ausgerichteten Romantik.

Jetzt rankte Efeu an den schmalen gotischen Säulen des Klosters empor und kletterte bis auf die Dächer. Durch das Efeu drang das Nachmittagslicht in die Öffnungen unter den beschädigten Bögen.

Schwaches grünes Licht fiel so in die gespenstischen Räume des Gebäudes, in denen Ratten und Eulen Zuflucht gefunden hatten. Aber in den Augen eines Künstlers ließ dieser dunkelgrüne Hintergrund, wie bei den Aquarellen von J.M.W. Turner, die stilisierte Schönheit der hellen Steine im Vordergrund erst hervortreten.

Die Gesellschaft des modernen Zeitalters konnte wohl Kirchtürme durch Schornsteine ersetzen, aber die drei romantischen Schüler aus Reus, und zwar die drei allein, fanden zum Ideal des Mittelalters zurück und restaurierten die verlorene Schönheit.

Sie rekonstruierten Poblet.

Während einiger Tage im Sommer 1869 richteten sich die drei Romantiker im Haus einer Schwester Riberas ein, die in Espluga de Francolí wohnte, eine halbe Stunde zu Fuß von Poblet entfernt.

Sie führten eine Inventur der Bücher und der überall verstreut liegenden Gegenstände durch, die noch im Kloster verblieben waren.

Sie vermaßen das Gelände.

Sie fertigten Rekonstruktionspläne an und erstellten detaillierte Kostenberechnungen für die Bauarbeiten.

Als hätten sie eine Eingebung gehabt, stellten sie sich - mehr als hundert Jahre vor dem Beginn des Massentourismus in Katalonien! - als ihre Haupteinnahmequelle den Ertrag aus dem Verkauf von Eintrittskarten an die künftigen Besucher vor.

Gaudí legte unter anderem die am besten geeignete Qualität der Steine fest, die für den Wiederaufbau der Mauern, Gewölbe und Dächer zu verwenden waren. «In den Studien bezüglich der Durchführung der Arbeiten - erklärte der gelehrte J. Elias - zeigte Gaudí eine für sein Alter ausgesprochen überraschende Intuition und Schärfe im Detail.» Damals war Gaudí gerade 17 Jahre alt geworden und hatte ein Ideal.

Es war die Zeit, zu der ein stürmischer Romantiker, der französische Schriftsteller und Maler Victor Hugo, proklamierte: *L'ideal c'est le goût de Dieu* («Das Ideal ist der Geschmack Gottes»).

ZWEITER TEIL

KAPITEL 6

Josefs Charisma

I

Während der Jahre, in denen Gaudí mit Mühe und Not die Gymnasialzeit hinter sich brachte, kam es in Europa zu folgenschweren politischen Spannungen.

Unter den Ereignissen dieser Zeit finden sich zwei oder drei, die - mit eineinhalb Jahrhunderten Abstand betrachtet - für unsere Geschichte von besonderer Bedeutung sind.

Anfangs betrafen sie den jungen, unwissenden Schüler aus Reus natürlich überhaupt nicht. Der Verlauf der Dinge aber läßt erkennen, dass es zwischen Gaudís weiteren Schritten und den Zielen einiger anderer Personen seiner Generation einen Zusammenhang gab.

Die Ereignisse beginnen in Rom, im Jahre 1861. Josep Maria Bocabella, ein 46-jähriger katalanischer Verleger, war gerade mit einer Pilgergruppe aus Barcelona in der Stadt eingetroffen.

Wie schon vor dem Jahr 1000 war die Heilige Stadt der Pilger noch immer die Hauptstadt des ausgedehnten Kirchenstaats, der einflussreichsten Weltmacht aller Zeiten.

Doch Rom war noch nicht die Hauptstadt des gerade entstehenden italienischen Staats.

Über Jahrhunderte hinweg war das Wort *Italien* nicht mehr als ein vager geographischer Ausdruck gewesen, wie Europa oder Nordamerika.

Aber in den ersten Jahrzehnten des 19. Jahrhunderts fand in Turin, in Genua, Mailand, Venedig und in Florenz die Idee Verbreitung, alle Gebiete in einem einzigen Staat zu vereinen. Die Mehrheit der Unionisten - Revolutionäre, Antikleriker, Mitglieder geheimer Gesellschaften - wollte eine Republik gründen, ein für damalige Verhältnisse ausgesprochen revolutionär klingender Begriff. Aus Angst jedoch, Frankreich zu alarmieren, das ihnen die militärische Unterstützung gewährte, entschlossen sich die Unionisten, Italien unter der Fahne einer eher symbolischen als tatsächlichen Monarchie zu vereinen. So wählten sie die Fahne der «unbedeutenden Herzöge von Savoyen», wie sie ein Diplomatiewissenschaftler bezeichnete.

Halb Franzosen, halb Italiener, lebten die Savoy in Turin, Savoyen selbst aber war und ist immer eine französische Region geblieben.

Und so wurde im Jahr 1861 ein Mann namens Víctor Manuel von Savoyen zum König des gerade entstehenden Italien ausgerufen. Aber die Unionisten hatten noch die letzte und bedeutendste Bastion einzunehmen. Damit ein nichtgeistliches Italien das Licht der Welt erblicken konnte, musste zuerst das Rom der Päpste sterben.

II

Ungeduldig erwarteten die protestantischen Kreise und die rationalistische Elite in Nordeuropa, die Freidenker, den endgültigen Fall Roms.

In einigen Fällen hielt diese Abneigung gegen das Papsttum über viele Jahre hinweg an und ist auch heute noch zu spüren. Ein Beispiel dafür ist die Université Libre in Brüssel. Sie wurde 1834 von der Rationalistengruppe «Le Libre Examen» gegründet, um gegen die katholische Universität von Liège zu konkurrieren.

In der Université Libre wurden die lateinischen Strophen des *Gaudeamus igitur*, der traditionellen Hymne der mittelalterlichen europäischen Universitäten, nicht mehr angestimmt. In der neuen, in französischer Sprache gehaltenen Hymne der Université Libre wurde eine kämpferische Strophe gesungen, welche die Entschlossenheit der kühnen Studenten bezeugte, *contre la Papauté* - gegen das Papsttum - zu kämpfen.

Die große Mehrheit der Katholiken war nicht nur wegen der Einschränkung der weltlichen Macht der Päpste besorgt. Die Sorge war anderer Art, viel umfassender, viel tiefer.

In dem angekündigten Anschluss Roms an das nichtgeistliche Italien sahen einige doktrinäre katholische Fundamentalisten das apokalyptische Zeichen der Mächte des Bösen, das sich auf dem Planeten ausbreitete.

Für andere, wie hohe Würdenträger, Bischöfe, Äbte und Stiftsherren, bedeutete ein solcher Anschluss den Verlust von Privilegien und Macht.

Sie alle, doch vor allem die einfachen Mönche, Landgeistlichen und Gläubigen der Kirchengemeinden besonders in Katalonien, fürchteten neue Verfolgungen und Brandstiftungen in Kirchen und Klöstern.

Der Fall Roms schien aber auch sinnbildlich für den fortschreitenden Untergang der christlichen Werte bei den Arbeiter- und Handwerkerfamilien zu stehen.

Die zunehmende Entchristianisierung der Industriestädte war nicht zu übersehen. Hätte dieses Phänomen rein religiösen Charakter gehabt, so wäre nur jeweils das individuelle Gewissen betroffen gewesen. Tatsächlich aber waren die deutlichsten Folgen sozialer Natur.

Im ländlichen Familienkreis konnte es böses Blut geben und zu Tragödien kommen. Geächtet wurde, wer in den Tag lebte. Aber so manches Mal half der religiöse Glaube, im Heim eine Art inneren Frieden als Folge der Schicksalsergebenheit zu bewahren - wie dies heute die Entspannungstechniken ermöglichen.

Die Verzweiflung machte sich viel leichter in den städtischen Proletarierhaushalten breit, wo man ohne den Trost der Religion auskommen musste. Aufgezeigt wurde das in den Romanen von Charles Dickens, Émile Zola oder Knut Hamsun. Sie beschreiben das miserable Leben der

Arbeiter, die betrunken in den Tavernen gammeln, am Spieltisch übers Ohr gehauen werden und ihre Frauen und Kinder misshandeln.

Den Soziologen und Rationalisten zufolge war dies alles Konsequenz des Maschinenzeitalters, das die Bauern in die Städte holte. Eine Folge der industriellen Revolution und der Ausbeutung durch das Bürgertum.

Einige Philosophen der Geschichte gehen weiter, wie etwa Oswald Spengler, der sagte: «Wir haben den Teufel in den Maschinen geahnt und wir haben uns nicht geirrt. Für die Gläubigen bedeuten die Maschinen den entthronten Gott.»

III

Während die traditionelle christliche Familie sich in dieser Krise befand, gewann in den konservativsten katholischen Kreisen eine Gestalt an Bedeutung: Josef der Zimmermann, der *pater familiae* schlechthin. Der Vater der Familie im Evangelium, vermeintlicher Vater von Jesus, nahm im breiten Repertoire des katholischen Heiligenverzeichnisses einen immer wichtigeren Platz ein.

In der religiösen Ikonographie der Gotik und des Barocks wird Josef ein diskreter, sekundärer Rang zuteil, hinter - oder neben - der Jungfrau Maria und dem Jesuskind. Aber ab Mitte des 19. Jahrhunderts wird ihm im Verständnis einfacher Gläubiger und einiger Religionsführer die Rolle des Verantwortlichen der Heiligen Familie, der Sagrada Família, zugeordnet. Er wird zum Vorbild als Familienoberhaupt der *ganzen* christlichen Familie.

In Katalonien kommt die Tatsache hinzu, dass der Vorname Josef sehr verbreitet war.

Iossef ist ein hebräischer Name und war einst einer von vielen biblischen Namen aus dem Alten Testament, die jüdische Bürger trugen. Im 15. Jahrhundert wäre es sehr schwierig gewesen, in Barcelona einen christlichen Bürger mit dem Namen Josef zu finden. Ab Mitte des 18. Jahrhunderts fand er jedoch unter den Christen große Verbreitung und wurde schließlich so populär, dass auch heute noch gern die alte, ironische Bauernweisheit zitiert wird, die lautet:

De Joseps, Joans i ases
n´hi ha per totes les cases.

(Josefs, Johanns und Esel
gibt´s in jedem Haus.)

So ist also die Sympathie zu erklären, die der Name im Volk genoss. Das kam beispielsweise auch zum Ausdruck, wenn die barfüßigen Karmeliter der Kongregation Heiliger Josef - Ende des 16. Jahrhunderts in Barcelona eingeführt - im Volksmund liebevoll *josepets* genannt wurden, der Verkleinerungsform des Namens Josef.

Gleichzeitig bildeten sich überall Gruppen zur Verehrung der Heiligen Familie. So gründete zum Beispiel der Kapitän Henri-Hubert Belletable - gestorben 1855 - in Liège (Wallonien, Belgien) die *Association de la Sainte Famille.*

Ganz besonders aber sollte die Figur des Heiligen Josef erhöht werden, den der Papst Pius IX zum Schutzpatron der katholischen Kirche ernannt hatte. Es überrascht nicht, dass einige dieser Initiativen von Personen mit dem Taufnamen Josef ausgingen.

Ein Joseph Huguet beispielsweise, Mitglied der Maristen - einer Kongregation französischen Ursprungs - veröffentlichte in Saint-Foy (Bourgogne, Frankreich) eine Zeitschrift mit dem Titel *Propagateur de la Dévotion à Saint Joseph* (Verbreiter der Verehrung des Heiligen Josef).

Diese Publikation brachte einen anderen Josef auf den Gedanken, in Barcelona eine ähnliche Zeitschrift herauszugeben. Es war Josep Bocabella, der katalanische Verleger, der in jenem Sommer 1861 nach Rom gereist war.

Bocabella war seit dem Tod des Vaters in der frühen Kindheit Halbwaise. Er war ein schlanker Mann mit spärlichem, ein wenig zerzaustem Haar, das einen edlen Kopf zierte. Der riesige dunkle Schnauzer stellte wohl seine einzige Konzession an die Mode seiner Zeit dar. Auf dem Bild, das von ihm erhalten ist, fällt besonders sein tiefer, wie ins Jenseits gerichteter Blick auf.

Die Tatsachen belegen, dass er auch ein Mann mit Sinn fürs Praktische war. Tatsächlich gründete er im Jahr 1866 in der katalanischen Hauptstadt die *Associació Espiritual de Devots de Sant Josep* (den Geistlichen Verein der Verehrer des Heiligen Josef) – im Volksmund kurz *Associació Josefina* genannt, oder noch kürzer einfach *josefins.* Außerdem gab er die Zeitschrift «Der Verbreiter der Verehrung des Heiligen Josef» heraus, die in Katalonien, in den spanischen Provinzen und in Lateinamerika vertrieben wurde. Die Publikation hatte einen unerwarteten, stürmischen Erfolg: Fast 600.000 Abonnenten in kurzer Zeit.

Zur gleichen Zeit gründete der 31-jährige Priester Josep Manyanet die Kongregation *Fills de la Sagrada Família, Jesús, Maria i Josep* (Kinder der Heiligen Familie, Jesus, Maria und Josef). Er war Sohn armer Bauern aus Tremp (Katalonien) und – nach dem Tod des Vaters - seit dem zweiten Lebensjahr Halbwaise. Dieser Mann mit bäuerlichen Gesichtszügen, dunklen Augen und offenem Blick war ein unermüdlicher Arbeiter und hatte einen wachen Geist. Er hat wohl nicht geahnt, dass sein Unternehmen einmal Dutzende von Niederlassungen in Europa und Amerika umfassen würde - von Barcelona (Katalonien) bis Silver Springs (Maryland, USA) - die alle heute zur Kongregation gehören.

Dagegen hatte Pater Manyanet eine andere Zukunftsvision. Die Zeit der mittelalterlichen Kathedralen war zwar vorbei, und Glaube und Finanzen in der katholischen Kirche hatten schon bessere Zeiten gesehen. Aber am 24. Juni 1869 schrieb Pater Manyanet seinem Bischof in einem Brief von dem Gedanken, «dem glorreichen Patriarchen Sant Josep» mit den Almosen der Gläubigen einen Tempel zu errichten.

Später erläuterte Manyanet seine Idee auch Bocabella, der den Vorschlag im April 1874 in seiner Zeitschrift «Der Verbreiter der Verehrung des Heiligen Josef» aufgriff.

Es schien kein leichtes Unternehmen zu sein.

IV

Hundert Jahre später, als der von Manyanet vorgeschlagene Tempel, für den Bocabella geworben hatte, langsam in den Himmel über Barcelona wuchs, bezeichnete der Journalist Josep Pla, ein konservativer, aber in religiösen Dingen skeptischer Mann, die Zeitschrift Bocabellas als «von der unvermeidlichen Schwere der Epoche einmal abgesehen, eine in dieser Art unübertroffene Anhäufung von Nichtigkeiten, Sprüchen und apologetischer Trivialität!»

Was den literarischen Stil und die Frömmelei vieler Gläubiger betrifft, lag er damit sicher richtig. Aber der Journalist Josep Pla, der aufmerksam die vermeintlich sichtbare Wirklichkeit verfolgte, sie mal in feinen Linien, mal mit dicken Pinselstrichen festhielt, überging den übernatürlichen Hintergrund der Angelegenheit.

Tatsache war, dass die Heiligenverehrung und der Glaube an ihre vermittelnde Hilfe eine wirkliche Kraft darstellten, so naiv und frömmlerisch sich das auch nach aussen hin zeigen mochte. Die wiederholten Schilderungen von Zeugen, die von Marienerscheinungen berichteten, gaben Rätsel auf.

Der englische Journalist und Schriftsteller Graham Greene, den diese Phänomene so beeindruckten, dass er 1926 zum Katholizismus übertrat, sagte, dass alle Erscheinungen etwas gemeinam hatten - den Aufruf zum Gebet. «Die Botschaft ist so einfach - sagte Graham Greene - dass sie uns unscheinbar vorkommen könnte, hätten wir nicht Kenntnis von der furchtbaren Kraft des Gebets, dieser mysteriösen und unerschöpflichen Macht, die Berge versetzen kann.»

Es handelte sich um Phänomene, für die die rationalistische Wissenschaft im ausgehenden 19. Jahrhundert keine Erklärung finden konnte.

Ob die Marienerscheinungen 1871 in der Höhle von Lourdes (Gascogne, Frankreich) nun Wirklichkeit oder Einbildung waren, von agnostischen Ärzten wurde bestätigt, dass Kranke geheilt wurden. «Unerklärlicherweise» für die einen, «durch ein Wunder» für die anderen.

Die Neugier zog Émile Zola nach Lourdes, ebenfalls Journalist und Schriftsteller. Seine Werke wurden von einigen Kirchenleuten in der Nachkriegszeit des spanischen Bürgerkriegs als «Todsünde» eingestuft. Er kam skeptisch an und bezeugte, als er ging, dass die Wunder wirklich geschahen.

Alexis Carrel, der agnostische französische Chirurg, der 1912 den Nobelpreis für Medizin erhielt und jahrelang im Rockefeller Institute for Medical Research in New York (USA) forschte, wurde Zeuge der augenblicklichen Heilung eines im Sterben liegenden Mädchens, das an tuberkulärer Bauchfellentzündung erkrankt war.

Zuerst versuchte er, einen Fehler bei der Diagnose zu finden. Aber schliesslich bestätigte er: «Ich hatte Gelegenheit, Ereignissen beizuwohnen, die beweisen, dass bestimmte, als Sage oder Hexenwerk betrachtete Phänomene, wirklich wahr oder natürlich sind.»

Nach den in Lourdes erlebten Heilungen bekehrte sich Carrel zum Katholizismus.

Doch nicht nur in Lourdes ereigneten sich unerklärliche Phänomene. An einem stürmischen und regnerischen Tag im Jahr 1879 sahen, laut Zeitzeugen, mehr als fünfzehn Personen in dem ärmlichen Dorf Knock (Irland) eine Erscheinung: Den Heiligen Josef, den Heiligen Apostel Johannes, die Jungfrau Maria, ein Lamm und ein Kreuz über dem Kirchturm des Ortes.

Ende des 19. Jahrhunderts wollte sich die Wissenschaft rühmen, Antwort auf alle Fragen zu haben. Aber die Existenz übernatürlicher Ereignisse war nicht zu übersehen.

Die Zeit war reif, Shakespeare zu zitieren: «Es gibt mehr Dinge im Himmel und auf Erden als Eure Schulweisheit sich träumt, Horatio.»

Und etwas von dem, was damals erzählt wurde, hat direkt mit unserer Geschichte zu tun.

Es war zu der Zeit, als es voranging mit dem von Bocabella aufgegriffenen und verbreiteten Plan des Paters Manyanet, dem Heiligen Josef einen Tempel zu errichten.

Man hatte begonnen, vor allem unter den ärmeren Schichten Geld zu sammeln, obwohl noch niemand sagen konnte, wann, wie und wo der Grundstein gesetzt werden sollte.

Was folgt, erwähnen wir hier, weil es ein glaubwürdiger Mann überliefert hat: Josep Pijoan, Architekt aus Barcelona, während vieler Jahre Professor für Kunstgeschichte am Pomona College in Claremont (Kalifornien, USA) und an der Universität von Chicago (USA).

Professor Pijoan - Jahrgang 1881 - hatte einige Anhänger von Josep Maria Bocabella persönlich gekannt und erklärte: «In Barcelona, und vor allem in den Kreisen der *josefins*, wurde damals erzählt, dass eine Verwandte Bocabellas eine göttliche Eingebung gehabt hätte: Der Architekt des geplanten Tempels werde blaue Augen haben!»

Blaue Augen?

Warum?

KAPITEL 7

Bezauberndes Barcelona

I

Immer in der Zeit der Weinlese, Mitte September, boten die Weinberge in Camp de Tarragona ein prächtiges Farbenspiel. Aus dem Grün der Reben wurde Gold im Licht der Nachmittagsonne. Der September 1868 sollte für Anton Gaudí allerdings nicht wie die anderen werden.

In der Mitte des Monats mussten die Schüler die Zulassung für das unmittelbar bevorstehende Schuljahr beantragen. Gaudí, der 16 Jahre alt geworden war, fehlte nur noch ein Jahr zum Abitur. Aber wie sollte er es schaffen?

Am 19. September hatte sich General Prim, ein liberaler Aufständischer, 54 Jahre alt und ausgerechnet gebürtig aus Reus, gegen die spanische Monarchie erhoben. Die Revolte verbreitete sich wie ein Lauffeuer in Katalonien und den am Rand der Halbinsel gelegenen spanischen Provinzen. In Reus wurden Fabriken in Brand gesteckt und die Häuser der bedeutendsten Bürger besetzt. Die Revolutionsführung richtete sich im Rathaus ein und verkündete die Einführung der Zivilehe und die Auflösung aller religiöser Orden. In aller Eile mussten die Piaristen den Konvent verlassen und aus Reus fliehen.

Die Familie Gaudí-Cornet befand sich in einer sehr ungewissen Lage.

Die Revolte hatte die latente wirtschaftliche Krise verschlimmert. Die Arbeit wurde knapp.

Die Eltern waren jetzt schon in fortgeschrittenem Alter. Der Vater, Francesc Gaudí war 55 Jahre alt, die Mutter, Antònia Cornet, im gleichen Alter. Für damalige Begriffe waren sie beinahe alt. Jetzt war wichtig, dass die Kinder vorwärts kamen.

Sich auf Rosa, ihre jetzt schon 24-jährige Tochter, zu verlassen, erschien ihnen unsicher. Ihre Hoffnung war, dass Francesc, der älteste Sohn, es zum Arzt bringen würde. Alle Welt bestätigte ihm ausgezeichnete Fähigkeiten. Und es schien, dass der Jüngste, Anton, mit ein bisschen Glück den Beruf des Baumeister erlernen, oder zumindest als Bauzeichner würde arbeiten können.

Vielleicht lag die Lösung ja in Barcelona.

II

Sein letztes Jahr vor dem Abitur absolvierte Anton Gaudí an einem Gymnasium in der katalonischen Hauptstadt. Es ist sehr wahrscheinlich, dass er bei Bekannten der Familie Unterkunft fand und im Sommer nach Reus zurückkehrte.

Mit dem Abitur in der Tasche kam er dann erneut nach Barcelona, um sein Diplom als Bauleiter oder Architekt zu machen, wie die spätere Berufsbezeichnung war.

Gemeinsam mit seinem Bruder mietete er sich während des Studiums in drittklassigen Pensionen ein. Ein Schuljahr lang lebten sie in einer Pension am kleinen Platz Montcada, neben der beeindruckenden gotischen Kirche Santa Maria del Mar. In einem anderen Jahr wohnten sie in einem dunklen Gästehaus in der engen Gasse Calle de la Cadena, recht nahe an der Rambla.

Die Besuche im Haus der Eltern in Reus wurden immer seltener. Da er sich die Finanzierung seines Studiums erarbeiten musste, begann Anton Gaudí, sich sein Leben in der katalanischen Hauptstadt einzurichten.

III

Das Leben eines Arbeiters in Barcelona war kein Vergnügen.

Geregelte Arbeitszeiten galten weder für die Meister noch für Lehrlinge.

In den Häusern und billigen Pensionen gab es immer Gemüse, Brot und Wein, der schnell sauer wurde.

Kabeljau und Hering sah man schon wesentlich seltener, und Fleisch kam, wenn man Glück hatte, an Samstagen auf den Teller. Aber nicht die Filets, die sich die Reichen einverleibten, sondern Reste der Gliedmaßen vom Schwein oder vom Rind.

Die Sonne vom Fenster aus zu sehen war ein Luxus.

In den neu gebauten Häusern mit engen Wohnungen teilten sich die Leute den Platz so gut sie konnten. Die Landflucht hatte die große Stadt auf beinahe 300.000 Einwohner anwachsen lassen, die Bevölkerungsdichte übertraf die von Dickens London um das Doppelte.

Ein inspirierter Zeitungsschreiber schrieb in einem 1871 veröffentlichten Feuilleton: «Von Barcelona sehe ich nur die schmutzigen Gassen, die schlecht gebauten Häuser, Hauptstraßen wie Schluchten, an denen Krähen nisten. Ich sehe die Enge, die Feuchtigkeit... Wo sind die Gärten? Wo die großen Plätze? Wo die Parks mit Bäumen? Wo ist die moderne Städteplanung?»

Um ans Monatsende zu kommen, vermieteten die *llogats* - wie damals die Mieter genannt wurden - ihrerseits wieder ein Zimmer an noch ärmere Untermieter weiter, die sogenannten *rellogats.*

Viele Frauen mussten die Wäsche auf den Plätzen oder in den Pfützen unbebauter Grundstücke waschen. Fehlende Hygiene und die allgemeine Unwissenheit führten zur Ausbreitung von Epidemien. 1865 hatte die Cholera fast 3800 Tote verursacht. Das Gelbfieber 1870 schickte fast 1600 Menschen auf die große Reise.

Das Stadtleben ließ die Naturkräfte und ihre unvorhersehbaren Folgen vergessen. In einer Winternacht des Jahres 1862 hatte es zu regnen begonnen. Am folgenden Morgen regnete es noch immer ohne Unterlass. Das Wasser fand keinen Ablauf an der Rambla, der großen, von den Bergen Richtung Meer führenden Lebensader der Stadt.

In diesen Tagen hielt sich gerade der berühmte dänische Märchenschreiber Hans Christian Andersen zu Besuch in der Stadt auf. Er logierte in einem Hotel an der Rambla und schrieb: «Vom Balkon des Hotels sah ich, wie sich die gepflasterte Straße in einen anschwellenden, alles verschlingenden Fluss verwandelte. Dieser Fluss wurde größer und größer. Die Fluten rauschten wie ein Mühlwehr und entwurzelten Bäume und Sträucher. In den Geschäften stand den Leuten das Wasser bis zur Hüfte. Überall Klagen und Geschrei... Später erfuhr ich, dass das Wasser mehrere Personen in die Kanalisationsschächte gerissen hatte... Nie hatte ich mir die ungeheure Kraft eines Sturzbachs in den Bergen vorgestellt. Ich sah, was aus diesem Bergbach entstehen konnte, der normalerweise ein bescheidenes Bächlein war, mit Aloen und Feigenkakteen an den Ufern.»

Doch die Industrialisierung und der stürmische Puls des Handels kamen nicht zur Ruhe. Nach dem Abriss der mittelalterlichen Stadtmauern breitete sich die Stadt unaufhaltsam in den Gärten und Ebenen der Umgebung aus, wie ein übelriechender Ölfleck. Bauhelfer, Maurer, Gipser, Zimmerleute, und Bauleiter wurden gesucht!

IV

Und hier war Anton Gaudí zur Stelle, gerade 21 Jahre alt geworden. Er beginnt sein Architekturstudium, arbeitet als Zeichner in einer Werkstatt und umgeht den Einberufungsbefehl des Militärs zu einem Infantrieregiment. Offenbar hat er keinerlei Art von Waffendienst absolviert.

Die Familie Gaudí-Cornet hatte unterdessen beschlossen, die Kupferschmiedwerkstatt in Reus zu schließen, alles zu verkaufen und nach Barcelona zu ihren Kindern zu ziehen, die ihre Zukunft bedeuteten.

Für den Ältesten, Francesc, zeichnete sich eine glänzende Zukunft ab. Am 12. März 1873 hatte er an der Universität Barcelona die Prüfungen zum Staatsexamen in Medizin bestanden (das Diplom wurde ihm erst am 22. November 1875, nach Bezahlung der fälligen Gebühr, ausgehändigt. Musste er vielleicht warten, bis er genug Geld hatte?) Er war ein sehr aufgeweckter junger Mann mit klarem Blick. Er hatte dichtes Haar, fleischige Lippen und das starke Kinn eines willensstarken Mannes, das ein Backenbart nach der Mode der Zeit zierte. Mit diesen Gesichtszügen ähnelte der Arzt Francesc Gaudí Cornet seiner Tante väterlicherseits, Rosa Gaudí Serra, von der eine Aufnahme erhalten ist.

Im Fall der Tochter war die Zukunft bei weitem nicht so sicher. Nach den Überlieferungen eines Architekten, der Helfer Gaudís war, hatte Rosa - die Schwester von Francesc und Anton - «nach voreiliger und unguter Wahl einen Andalusier geheiratet, José Egea, einen leichtlebigen Musiker, der zuviel trank.»

Auch die Zukunft Antons, des Kleinen, war ungewiss. Aber trotz seines schwierigen Charakters ließ er extreme Willenskraft, Originalität und Lernbegierde erkennen.

Ein Winter und ein Sommer vergingen.

Dann noch ein Winter, und im Sommer 1876 fiel ein dunkler Schatten auf die Familie Gaudí-Cornet.

Am ersten Juli verstarb plötzlich der junge Mediziner Francesc Gaudí Cornet. Er war 25 Jahre und zwei Monate alt.

Die Chroniken überliefern uns nicht, wie und woran er starb, aber so war es.

Die Mutter wurde krank. Zwei Monate später, am 8. September, starb Antònia Cornet vor Kummer. Sie war 63 Jahre alt und hatte ein gebrochenes Herz.

DRITTER TEIL

KAPITEL 8

Der Fortschritt

I

Abends, beim schwachen Kerzenlicht in seinem Zimmer, pflegte Anton Gaudí unerledigte Arbeiten in ein liniertes Heft einzutragen.

Es waren kurze Notizen, einfache Merkhilfen, in telegraphischem Stil und unordentlicher Handschrift verfasst. Am Abend des 25. November 1876 setzte er ihnen jedoch die offenherzige Überlegung voran: «Man muss viel arbeiten, um durchzukommen.»

Damals war er 24 Jahre alt.

Es war eine schwere Zeit für ihn.

Der plötzliche Tod von Mutter und Bruder hatte ihn schwer getroffen. Dem Militärdienst war er noch nicht entgangen. Er hatte sein Studium noch nicht beenden können und jede Menge offene Aufträge, die er irgendwie zu Ende bringen musste, um *durchzukommen.*

Vom Studium an der Schule für Architektur hatte er sich ablenken lassen. Er hatte zahlreiche Arbeiten angenommen, um das Studium zu bezahlen, und um etwas Geld im Haus der Eltern - das jetzt nur noch *das Haus des Vaters* war - abgeben zu können. Dazu kam sein bedachtsamer, sehr überlegter, detaillierter und langsamer Arbeitsstil. Aber er hatte die Sicherheit eines Mannes, der weiß, was er wert ist und sich der Anerkennung der anderen erfreut.

Irgendwie würde sich der Himmel klären. Und tatsächlich fand er sich zwei Jahre später vom Militärdienst befreit, hatte sein Architekturdiplom in der Tasche und bekam Angebote von verschiedenen Seiten.

«Die ersten Angebote, direkt nach der Universität, kamen nicht gerade von überaus angesehenen Leuten, versicherte George R. Collins, der große nordamerikanische Gaudí-Experte. Der Erfinder Enric Girosi gab ein Modell für einen Zeitungskiosk in Auftrag. Der Geschäftsmann Pau Miró bestellte Mauer, Gitter und Säulenvordach für ein Theater im Dorf Sant Gervasi (später in die Stadt Barcelona eingemeindet). Der Handschuhfabrikant Esteve Comella wollte eine Schaufenstereinrichtung aus Glas angefertigt bekommen.»

Für die Vielfalt der Aufträge gibt es eine Erklärung: Gaudí hatte sich in einigen Kreisen im Baugewerbe den Ruf eines *manetes* erarbeitet. So wurden - und werden noch heute – geschickte Alleskönner in der Umgangssprache genannt. Er hatte nicht nur als Zeichner für Architekten gearbeitet, er war außerdem ein sehr geschickter Handwerker und besaß die außergewöhnliche Vorstellungskraft des autodidaktischen Erfinders.

II

In der einst von Stadtmauern umgebenen Altstadt Barcelonas gab es Werkstätten erfahrener Kunsthandwerker. Eine von ihnen gehörte einem gewissen Llorenç Matamala, bei dem der junge Student Gaudí die Anfertigung von Gips- und Tonmodellen erlernte. Hier bestellten die Baumeister Skulpturen und verschiedene Dekorationsteile. Beim Handwerker nebenan, namens Eudald Puntí, lernte Gaudí das Handwerk des Schreiners, des Schmieds, des Töpfers und des Glasers.

Laut Joan Bassegoda Nonell, einem Architekten aus Barcelona, der die Laufbahn Gaudís sehr aufmerksam studiert hat, «fand es Gaudí gleichermaßen interessant, eine Klinke, einen Schrank oder ein komplettes Gebäude zu entwerfen... Im Verlauf seines Schaffens zeigte sich Gaudí immer mehr als Skulpteur denn als Architekt, immer zog er es vor, Modelle aus Gips oder Ton herzustellen als Pläne und Zeichnungen anzulegen.»

Aber diese etwas eigenartige Weise, die Arbeit des Architekten anzugehen, konnte nur Auftraggeber anziehen, die auch selbst ein bisschen eigenartig waren. An dieser Art von Leuten mangelte es in Barcelona damals wirklich nicht.

III

Seit zehn Jahren lebte Anton Gaudí in Barcelona.

Die geschäftige Stadt zog Leute aller Art und Herkunft an, und instinktiv suchten die Neuankömmlinge, die sich in der Anonymität der Großstadt noch verloren fühlten, Kontakt mit anderen Nomaden oder Imigranten gleichen geographischen Ursprungs.

Individuen, die sich in Kleinstädten wie Reus, Igualada oder Mataró höchstens ein «Guten Tag» zugerufen hätten - und nichts weiter - oder nicht mal das (wer weiß, vielleicht hätten sie sich auch auf den Tod gehasst), solche Leute fanden in Barcelona beinahe brüderlich zusammen.

Die Erinnerungen an eine gemeinsame Kindheit, an die gleiche Landschaft in den Dörfern und Ortschaften, die gemeinsamen Wurzeln der Sippen sind wohl eine Erklärung hierfür. Und so begann auch Anton Gaudí, mit einem Mann zu verkehren, der wie er aus Reus stammte, einem gewissen Salvador Pagès, ebenfalls eine eher eigenartige Persönlichkeit.

Pagès - doppelt so alt wie Gaudí - war der geschaffene *Selfmademan* des neuen Fortschritts.

Einer seiner Bekannten sagte über ihn: «Pagès hatte einige Jahre in Nordamerika gelebt und war mit einem Vermögen aus New York zurückgekommen. Er kam nach Katalonien mit seinem Sohn, dem er ohne kirchliche Taufe den Namen Lincoln gegeben hatte.»

Das war ein gebräuchlicher Name in den Vereinigten Staaten von Amerika, der zudem sehr gewichtig klang, da er seine Bekanntheit dem Präsidenten Abraham Lincoln (1809-1865) verdankte. Als Vorname für den Sohn eines Katalanen klang dieser angelsächsische Name für katalanische Ohren exzentrisch. Auch bedeutete er eine - für damalige Verhältnisse revolutionäre - Weigerung: Die Absicht, mit der tausendjährigen Tradition des alten, christlichen Europa zu brechen, nach der die Kinder auf Namen aus dem Heiligenverzeichnis getauft wurden.

In Katalonien war es nur während der kurzlebigen Ersten Spanischen Republik 1873 möglich gewesen, Kindern einen Namen zu geben, der nicht im Heiligenverzeichnis genannt war - in einem zivilen Akt, ohne die religiöse Zeremonie absolvieren zu müssen. Es gab jedoch nur wenige Eltern, die von dieser Möglichkeit Gebrauch machten.

«Harmonia» war ein häufig gewählter Mädchenname unter den Anhängern des Anarchismus im Stil Tolstois.

«Llibert» wählten die Anarchisten, die die Figur des befreiten Sklaven idealisierten, den *liberto*.

Und dann gab es solche, wenige und mit wenig Verstand, die den Neugeborenen wirklich skurrile Namen gaben, die sie irgendeiner schwerverdaulichen Lektüre falsch entnommen hatten. Das war etwa der Fall bei einem Mitglied des Vereins der Freidenker von Barcelona, der seinem Sohn den Namen «Zoroastro» gab. Eine offensichtliche Anspielung auf Zarathustra, mythische Gestalt aus dem Iran zu einer Zeit vor Christi Geburt, den der im Wahnsinn verirrte deutsche Philosoph F.W. Nietzsche in seinem Werk *Also sprach Zarathustra* populär gemacht hatte.

Lincoln war zumindest ein wohlklingender Name.

IV

Alles, was wir über Salvador Pagès sagen können, ist, dass er 1833 in Reus geboren wurde und Weber war, «ein Arbeiter ohne Ausbildung aber mit klarem Geist», wie eine Zeitung damals schrieb. Mit 31 Jahren tauchte er wieder in

Reus auf, danach in Barcelona, wo er «einer der höchsten Führer der Kooperativisten mechanischer Webereien» wird. Zu welcher Art Vermögen mag er es in den gut zehn Jahren seiner ersten Jugend gebracht haben, während es keine Spur von ihm gibt? Für Spekulationen fehlen uns die Anhaltspunkte.

Sicher ist, dass er mit 36 Jahren Geschäftsführer der Kooperative *La Obrera Mataronesa* war. Der Betrieb lag in Mataró, einer Küstenstadt mit etwa 17.000 Einwohnern, 28 km nordöstlich von Barcelona, mit Bahnverbindung zwischen beiden Städten. (Es war übrigens die erste Bahnlinie, die auf der iberischen Halbinsel eingeweiht wurde.)

Ein Chronist der Gegend bezeichnete ihn als «den guten Freund Don Salvador Pagès, den die Arbeiter als Helden der Arbeit respektieren und würdigen sollen.»

Mit seinem Unternehmungsgeist hatte er erreicht, dass die Fabrik seiner Kooperative als erste auf der iberischen Halbinsel mit elektrischen Leitungen ausgerüstet wurde.

Die elektrischen Blitze knisterten! Triumphal wurde der Fortschritt angekündigt als Garant des menschlichen Glücks!

In Mataró wollte Pagès eine Reihe Einzelhäuser für Arbeiter errichten, auf Grundstücken, die damals Gärten waren. Mit seiner Begeisterung steckte er die Arbeiter in Hemd und Hanfschuh genauso an wie junge Intelektuelle, *déclassés.* Zum Beispiel Joaquim Maria Bartrina i d'Aixemús, gebürtig aus Reus.

Bartrina war ein junger, von der Tuberkulose heimgesuchter Romantiker, er begeisterte sich für die Theorien Darwins, hatte Talent zum Schreiben und glaubte an eine bessere Zukunft. Er sollte der beste Verfechter der geplanten Arbeiterkolonie werden.

Der ideale Bauleiter kam auch aus Reus: Anton Gaudí i Cornet, dieser rothaarige Bursche mit dem stechenden Blick.

KAPITEL 9

Die Utopie

I

Salvador Pagès, der *Selfmademan*, der Lincoln bewunderte, war ein erfahrener, älterer Mann mit großer Überzeugungskraft. Und Gaudí, 25 Jahre alt und den Kopf voller Ideen, ließ sich von seinem Mitbürger aus Reus überzeugen.

Wenn man mit 25 nicht an Utopien glaubt, wann dann?

Es gibt Epochen, die mehr als andere für Utopien geschaffen sind. Gaudís Jugendzeit war mit Sicherheit eine dieser Epochen.

Während die Leute noch in Pferdekutschen reisten, schrieb ein gewisser Jules Verne in einem verschlafenen französischen Provinzdorf *De la Terre à la Lune* (Von der Erde zum Mond) und nahm damit die Geschichte der Astronauten vorweg, die als erste unseren bleichen Trabanten betreten haben.

Lamartine, ebenfalls Franzose, hinterließ nach seinem Tod 1869 diese Idee als Testament: «Die Utopie ist die vorweggenommene Realität.»

Auch Gaudís Pläne für das Projekt der Arbeitersiedlung in Mataró war eher utopisch.

Die Idee der Arbeitersiedlung stammte aus England, in Katalonien begann man gerade mit dem Bau der ersten Siedlungen.

Gaudí war nie in England gewesen. Damit hatte er sich den trostlosen Anblick der Reihenhäuser für die Arbeiter erspart. Diese standen, vom Nachbarhaus nur durch eine

Zwischenwand getrennt, mit nackten Fassaden oft nur zwei Schritte von den Kohlevorkommen entfernt, wie etwa in Wales. In Lancashire standen sie direkt neben den Fabriken.

Dort hatte die Industrielle Revolution – wie es der Soziologe Lewis Mumford formulierte – «das Grüne Land von Shakespeare in das Schwarze Land eines Dickens verwandelt.»

Gaudí dachte nicht an die sozialen Gegebenheiten. Für ihn zählte nur, was seiner eigenen Vorstellung entsprang. Er stellte sich die ideale Siedlung vor: 30 freistehende Häuser, umgeben von Gärten, in drei Reihen nahe am Meer, mit viel frischer Luft aber windgeschützt gelegen, und so gebaut, dass sie morgens und abends Sonne hätten.

Weitab gelegen von den übelriechenden Abgasen aus den Schornsteinen der Stadt lägen diese Häuser. Jedem der glücklichen Arbeiter der Kooperative stünde ein 200 Quadratmeter großes Grundstück zur Verfügung, mit Garten oder Rasen. Ein Haus mit Erdgeschoss und Keller, zwölf auf neun Meter groß. Den oberen Teil der Fassade würde ein Giebel zieren, ein dreieckiges architektonisches Element nach Art der griechischen und römischen Tempel.

Weiter unten kämen einfache aufgemalte Blumenmuster zwischen die zwei Fenster und den Haupteingang

Mit einem Wort, die von Gaudí geplanten Häuser für Arbeiter sahen aus wie viele von denen am Stadtrand Barcelonas, die heute, ein Jahrhundert später, nur den Neureichen zugänglich sind.

II

Am 29. März 1878 unterzeichnete Gaudí den Vertrag für das Bauprojekt vom ersten Haus der idyllischen Siedlung. Auch andere kleine Arbeiten handwerklicher Art wurden ihm von der Kooperative in Mataró aufgetragen.

Die Kooperativisten wollten in ihrer Begeisterung eine

eigene Standarte haben. Die Standarten katalanischer Innungen und Bürgervereinigungen glichen denen, die vor den Paradezügen der protestantischen Unionisten in Nordirland getragen werden. Oder denen der römischen Legionen in der Hollywood-Version eines Cecil B. De Mille. Das Tuch oder die entsprechende Fahne hing an einem waagerechten Stab herunter, der wiederum an einem senkrechten Stab aus Metall angebracht war, dessen obere Spitze eine Metallfigur krönte.

Jede öffentliche Vereinigung im 19. Jahrhundert, die etwas auf sich hielt, hatte ihre eigene Standarte. Die Genossenschaften, die Chöre, die Folkloregruppen, die wissenschaftlichen Exkursionsvereine, die Handwerkerzünfte, alle hatten eine eigene Standarte. Also musste *La Obrera Mataronesa* auch eine haben.

Zwar wird gemeinhin von einem Architekten nicht erwartet, dass er auch Fahnen entwirft, aber bei Gaudí war das der Fall.

Er hatte Fingergeschick, kannte sich im Handwerk gut aus, hatte Phantasie und war originell. Also beauftragte man ihn mit dem Entwurf und der Zeichnung einer Standarte für die glücklichen Proletarier von Mataró.

Dass Gaudí diese Arbeit gerne annahm und wahrscheinlich gegen eine geringe oder gar keine Vergütung, könnte im ersten Moment darauf schließen lassen, dass auch er ein überzeugter Kooperativist war. Ein treuherziger «Gläubiger» der Gleichheit und Brüderlichkeit unter den Menschen. Das war aber nicht der Fall.

III

Gaudí war eine zurückhaltende Natur, phantasievoll, originell, voller eigener Ideen. Er hatte, seinem Temperament entsprechend, einen sehr ausgesuchten Freundeskreis. So einer konnte nicht «einer mehr» sein, eins von vielen Mitgliedern einer Vereinigung, welcher Art auch immer.

Vielleicht konnte er die Prinzipien der Vereinigung für ausgezeichnet halten und sich gut mit einigen Mitgliedern verstehen, aber es fällt schwer, ihn sich fest ins kollektive Gefüge eingebunden vorzustellen.

Er konnte mit dem utopischen Sozialismus sympathisieren. Tatsächlich war das bei ihm der Fall, wie es das auf irgendeine Art bei allen war, mit denen er damals in Mataró zu tun hatte.

Der Architekt Bergós, Helfer Gaudís, berichtete über seinen Meister, dass dieser «in seiner Jugend von der sozialistischen Bewegung *angesteckt* wurde, die in England ihren Anfang genommen hatte...»

Aber Gaudí gehörte, seinem Charakter und Temperament nach zu schließen, zweifellos zu den Personen, die mit Schrecken vor Herdentrieb und Massen fliehen. Das war auch bei dem Engländer John Rushkin der Fall, dem hervorragenden Ästheten, dem derart präzisen, idealistischen Schriftsteller. Rushkin verteidigte einen Sozialismus rein sozialdemokratischer und höchst ethischer Natur. Der Einfluss des Calvinisten Carlyle und der christlichen Sozialisten hatten ihn zu seinen Überzeugungen gelangen lassen.

Wenn jedenfalls Gaudí seine Zusammenarbeit mit den Kreisen in Mataró über ein Jahrzehnt hinweg fortsetzte, so hatte das auch, beziehungsweise vor allem, einen sehr privaten Grund.

KAPITEL 10

Der Onkel Anton

I

Seit dem Tod der Mutter war Rosa Gaudí die einzige Frau der Familie Gaudí-Cornet.

Die große Schwester des Architekten, Erstgeborene des Paares Gaudí-Cornet, war immer ein wenig schwierig gewesen. Sie hatte unglücklich geheiratet, einen armen, vom Alkohol benebelten Musiker und Lebemann, der früh verstarb oder von der Bildfläche verschwand.

Das erste Kind, Sohn oder Tochter, lädt immer die großen Hoffnungen und Enttäuschungen auf sich. Und Rosa wurde dieser seltsamen Bestimmung gerecht, die das Schicksal oder die Vorsehung den Menschen auferlegen. Sie starb an einem traurigen Tag des Jahres 1879, im Alter von nur 35 Jahren und hinterließ ein dreijähriges Waisenmädchen.

Die entfernteren Verwandten ausgenommen, lebten damals von der eigentlichen Familie Gaudí-Cornet nur noch zwei Männer: Der Vater, Francesc Gaudí, der schon 66 Jahre alt geworden war, und der jüngste Sohn, Anton, der 27 war.

Der Vater war stark wie eine Eiche und hielt eisern all dem Unglück stand. Mit Antònia hatte er eine Familie gegründet, einen Baum gepflanzt. Jetzt sah er, wie die Äste brüchig wurden, wie eine nach der anderen die Früchte fielen. Er musste sehen, wie sie vor der Zeit zu Boden fielen und in die Unterwelt eingingen, während er, entgegen aller Erwartungen, entgegen der Natur, sie alle überlebte.

Der überlebende Sohn hatte zwar schließlich einen guten Start gehabt und war langsam erfolgreich, aber er war im Innern nicht so stark wie der Vater, und er hatte noch keinen Familienbaum gepflanzt.

Seit dem Tod seiner Schwester war er Ziehonkel seiner kleinen Nichte. Aber es gibt keinen Grund anzunehmen, dass er sich dazu berufen fühlte, eine Art «Onkel, der nie geheiratet hat» zu bleiben, einer dieser stereotypen, aber auch unterhaltsamen Onkels, die es in vielen Familien gab.

Im Gegenteil, alles lässt darauf schließen, dass der junge Architekt einen sehr wachen und normalen männlichen Naturtrieb hatte, der vielleicht genauso stark war wie bei seinem Vater, und dass er heiraten wollte. Und dass dieser Wunsch im Laufe der Jahre immer stärker wurde.

Es wird gesagt, dass eine Erzählung des katalanischen Dichters Joan Maragall – einem Freund Gaudís – auf wahren Begebenheiten aus der Jugendzeit beruht, als der junge Student Gaudí sich stark von einem Mädchen angezogen fühlte, das er kennengelernt hatte. Die Erzählung ist Anfang des Jahrhunderts geschrieben, als für die wohlerzogene Gesellschaft feststand, dass die sexuelle Anziehung zwischen einem Mann und einer Frau in gedruckter Form ein eher anrüchiges Thema ist. Oder jedenfalls ein Thema für Romaneschreiber, die auch nicht gerade als «gottgefällige» Leute galten.

Es bedurfte eines Mannes einer späteren Generation, die überlieferten Abenteuer des jungen Gaudí als glaubwürdig und annehmbar einzuschätzen: Carles Soldevila, der feinsinnigen Schriftsteller, der zwischen den beiden Weltkriegen zu Ruhm kam.

Soldevila sagte: «Handelt es sich um Gaudí bei der Hauptfigur der wunderbaren Erzählung *La Calaverada* von Joan Maragall? Oder wenigstens um ein Bild von Gaudí? Sollte dies so sein, ließe es eine neue Seite dieses außergewöhnlichen Mannes erkennen, eine sehr sympathische Seite übrigens.»

Mitte des 20. Jahrhunderts wurden unter den Nachkommen der entfernten Verwandtschaft Gaudís auch andere unbestimmte Geschichten erzählt, von Mädchen, die dem jungen Studenten gefallen hätten, die ihm aber die kalte Schulter zeigten.

Alles in allem banale, normale Geschichten, wie man sie von jedem erzählen könnte. Anekdoten, die aufzuspüren – oder zu erfinden, zu deformieren - den «Meistern des Verdachts» und den Händlern literarischen Unrats gefällt, die aber nichts dazu beitragen, die wichtigsten Züge einer Persönlichkeit aufzuzeigen.

II

Gaudí wurde der Ziehonkel seiner Nichte Rossita, der Waisentochter seiner Schwester Rosa.

Er schickte das Mädchen auf eine von Nonnen geleitete Schule und bezahlte unter anderem die Schulkosten.

Entgegen seinem Ruf als sprödem Mann muss der Onkel Anton, der damals einen buschigen, spitzen Bart trug, für seine Nichte jene spontane Zärtlichkeit gefühlt haben, die die unverheirateten Onkel normalerweise für die Kinder in der Familie fühlen. Besonders, wenn das Geschöpf keine Eltern hat. So bekam Gaudí beispielsweise eine Einladung von Salvador Pagès, dem *Selfmademan* der Kooperative von Mataró, um zwei Töchter der wohlhabenden und bekannten Familie Moreu kennenzulernen, und erschien mit seiner Nichte an der Hand.

Die Szene beschreibt in seinen Memoiren Senyor Josep M. Moreu - der kleine Bruder der jungen Frauen - der damals zwölf oder 13 Jahre alt war: «Eines Tages war im großen Speisezimmer des Hauses ein junger Architekt zu Gast, gebürtig aus Reus, mit Namen Gaudí... Er kam in Begleitung einer Nichte in meinem Alter, Rossita... Gaudí war blond. Seine Nichte war eher dunkelhaarig, und vielleicht ein bisschen hässlich, aber ich fand sie sehr sympathisch... Gaudí fühlte sich sehr wohl an diesem Ort...»

Das gemütliche, einstöckige Haus der Moreus hatte einen blühenden Garten. Der französische Stil war offensichtlich. In einer Ecke des großen Speiseraums stand ein Klavier der Marke *Adolphe Lorch* aus Paris und die Familie füllte das Haus mit Leben. Die Wärme der Frauen im Heim stand in spürbarem Gegensatz zu der kalten Wohnung, die der junge Gaudí allein mit seinem alten Vater teilte.

Gaudí war häufig zu Gast im Hause Moreu.

Die Zeit verging. Einige Jahre vergingen.

Der Mann, der nach dem Studium noch dichten Haarwuchs gehabt hatte, bemerkte jetzt, dass er eine Glatze bekam.

Und eines Tages entschloss er sich. Er würde weiterhin der Onkel Anton sein, aber der *verheiratete* Onkel Anton.

Er entschloss sich und machte der älteren Tochter, Josefa Moreu, einer außerordentlich attraktiven jungen Frau mit goldenem Haar, einen Heiratsantrag.

KAPITEL 11

Die Liebe aus Mataró

I

Als Gaudí Josefa Moreu den Heiratsantrag machte, befand sie sich wahrscheinlich im langwierigen Prozess der Aufhebung ihrer ersten Ehe mit einem gewissen Senyor Antoni Palau aus Calella. Das ist ein Küstenort, etwa 20 km oberhalb von Mataró.

Es wird gesagt, dass Senyor Palau – wie auch Salvador Pagés - in Amerika zu Reichtum gekommen war.

Wahrscheinlich ist diese erste Ehe nie vollzogen worden. Auch waren sie sicher nicht im Vikariat vorstellig geworden, wenn man die Allergie bedenkt, die die Familie Moreu gegen den Klerus hatte.

Jedenfalls war *Pepeta,* wie man sie freundschaftlich nannte, jünger als Gaudí und gutaussehend. Schlank gewachsen, mit feinen Gesichtszügen, «hatte sie rotgoldenes Haar, ins Mahagoni spielend, von seltener Schönheit», wie ihr Neffe Enric Moreu-Rey es beschrieb.

Die äußerliche Attraktivität wurde ergänzt durch eine faszinierende Persönlichkeit, in der sich Feinheit der Manieren und extreme Modernität bei Ideen und Taten mischten.

Josefa Moreu konnte schwimmen und ging zum Baden an den Strand. Das machte sie in jener Zeit, in den Augen der konservativen Gesellschaft, zu einer dreisten Pionierin der Schamlosigkeit, wenn auch damals die Badeanzüge bis an die Knie reichten.

Sie spielte Klavier. Sie sang. Sie sprach Französisch und gab in der Arbeiterkooperative Unterricht. Sie las die republikanischen Zeitungen. Wie ihre Schwester, hatte sie Umgang mit Sozialisten, Antimonarchisten, Freidenkern, Freimaurern, Anhängern der Freiheit für Katalonien, Naturforschern, Hygienikern, Homöopathen und... Spiritualisten.

Nicolau Guanyabens, Hausarzt und enger Freund der Familie, schenkte Josefa ein Werk von Allan Kardec, dem Apostel der Spiritualisten. So konnte sie sich Kenntnisse über den damals jungen Glauben an die Kontakaufnahme mit den Geistern der Verstorbenen aneignen.

So ein Mädchen der mittleren Bürgerschicht, «intelektuell, mit fortschrittlichen, antikirchlichen Ideen», wie sie ihr Bruder beschrieb, musste den schüchternen Anton Gaudí natürlich beeindrucken.

II

Seit er mehr Geld verdiente, trug Gaudí gutgeschnittene Anzüge und rauchte lange Zigarren. Er war ein eher solide als robust gebauter Typ von mittlerer Körpergröße. Sein Kopf erinnerte an die der Römer - in den Zeiten des Imperiums - die man in den Museen von Tarragona, Barcelona und im Louvre in Paris ausgestellt findet.

Den Haarverlust glich er aus mit einem buschigen, widerspenstigen Bart, er hatte runde, gleichmäßige Gesichtszüge.

Er wusste viel über die unterschiedlichsten Dinge und ihre Ursachen, aber auf den ersten Blick hätte man ihn für einen rechtschaffenen Klempner gehalten, nicht für einen gebildeten Mann.

Die feinen bürgerlichen Manieren im Umgang mit den Damen, im Auftreten in der Gesellschaft, wie man Platz nimmt, das Taschentuch oder die Serviette faltet, das alles war dem Handwerkerenkel vom Lande fremd. Schon unter Männern war er ausweichend und kurzangebunden genug. Mit den Frauen muss ihm der Umgang noch schwerer gefallen sein.

Gaudí zeigte großes Geschick bei Arbeiten mit Ton, Gips, Stein, Glas, Holz, Eisen, Blech, mit dem Winkelmass, dem Zeichendreieck, dem Zirkel und dem Lineal, aber wenn es darum ging, Messer und Gabel in die Hand zu nehmen, wurde es schwierig.

Er war keiner von denen, die ihre Hosen auf Falten prüfen oder in den Spiegel sehen, um eventuell den Scheitel nachzuziehen, bevor sie in ein Haus eintreten.

Seine arme Mutter hatte die Jungfrau der Barmherzigkeit angebetet, eine Ikone hing über dem Hauseingang in Reus. Ihren Sohn hatte sie getreu alter Gewohnheit der Bauern und Handwerker nur zum Beten erzogen. Diese Leute, die sich in der Arbeit verausgabten, pflegten ihre Kinder nicht allzu liebevoll zu behandeln. Andererseits wissen wir nicht, ob ihm Zuneigung gefehlt oder er es so empfunden hatte. Sollte es so gewesen sein, konnte er auch nicht viel Zuneigung geben.

Aus Familien wie der Familie Gaudí-Cornet stammten Männer von großer Entschlossenheit, mit ernsten Gesichtszügen und hartem Charakter.

Ihre Portraits hängen hier und da als Ölgemälde in dunklen Galerien für berühmte Söhne katalanischer Provinzdörfer. Sollte sich darunter irgendwo einmal ein Portrait Gaudís finden, müsste es ernst wie in Stein gemeißelt gemalt sein, um glaubwürdig zu wirken.

Josep M. Moreu erinnert sich in seinen Memoiren: «Meine Schwester Pepeta bewunderte in Gaudí zwar den genialen Künslter, doch gefiel er ihr als Mann nicht, da er eigentlich eine recht ungepflegte Person war.»

Das Ergebnis hätte jeder, der nicht so in sich verschlossen war wie Gaudí, leicht absehen können. Josefa Moreu wies ihn ab.

III

Gaudís Interesse an den Kreisen von Mataró löste sich in Luft auf.

Josefa Moreu trug bald darauf einen funkelnden Verlobungsring. Der Verlobte? Ein Holzhändler aus dem Ort, Senyor Ignasi Caballol.

Mit der Kooperative *La Obrera Mataronesa* ging es bergab.

Die Leiter der Kooperative hatten bestimmt, dass sich die Mitglieder ein Haus auf eigene Kosten bauen könnten (nach den von Gaudí vorgelegten Plänen), wobei jedes Mitglied die vollen Baukosten tragen sollte. Dies würde sie zu den wahren Eigentümern machen.

So weit, so gut. Sobald aber die Kooperative genug Geld haben sollte, würde sie die Eigentümer verpflichten, ihr die Häuser zu verkaufen. Die begeisterten Hausbesitzer sollten... simple Mieter werden!

Die meisten Kooperativisten waren gutherzige Leute, ohne Bildung und ohne Geld in den Taschen, aber es mangelte ihnen nicht an gesundem Menschenverstand. Die Initiative scheiterte, und einhergehend mit der Wirtschaftskrise führte das dazu, dass nur zwei der geplanten Häuser fertiggestellt wurden. Eines davon war das Haus des Geschäftsführers Salvador Pagès höchstpersönlich.

1887 stellte die Kooperative die Zahlungen ein.

Andere einflussreiche Kunden erwarteten Gaudí.

Nur dass er jetzt, nach der Ablehnung durch die junge Frau aus Mataró, eine neue Wunde in der Seele trug.

KAPITEL 12

Das Café der überschwänglichen Begeisterung

I

Für Gaudí waren die Zeiten der Entbehrung vorbei. Die Aufträge nahmen zu. Die Honorare stiegen. Der Bekanntenkreis wurde größer.

Einer der Techniker, die auf den neuen Baustellen in Barcelona arbeiteten, war Eduard Fontserè i Mestre. Neben seinem Beruf als Bauleiter war er Präsident einer geheimen Gesellschaft, der Freimaurerloge *Lealtad*. Auch sein Bruder, Josep Fontserè, war Bauleiter und hatte Gaudí zum Assistenten gehabt, als dieser noch Student war. Die Fontserès kamen aus Vinyols, einem Nachbardorf von Riudoms, und so gab es zwischen ihnen und Gaudí ein Gefühl gleicher Abstammung.

Den Architekten Camil Oliveras lernte Gaudí im «Katalanischen Verein Wissenschaftlicher Exkursionen» kennen. Diese Vereinigung setzte sich unter anderem dafür ein, dass Gebäude und Kunstwerke von historischem Wert im Zuge der Stadterneuerung, die sich in Barcelona in vollem Gang befand, nicht abgerissen wurden.

Oliveras hatte ein Denkmal für Bakunin entworfen, den russischen Prinzen und Vorreiter der anarchistischen Weltrevolution. Aber es scheint der Fehltritt eines Snobs gewesen zu sein, eine Art *épater les bourgois*. Letztendlich wurde Oliveras zum Architekten der Provinzdeputation von Barcelona ernannt und arbeitete für die Companía de Jesus (Jesuiten), für das Bistum Barcelona, für einen Grafen und einen Markgrafen.

Als noch facettenreicher erwies sich Eudald Canibell i Masbernat. Dieser Bürger Barcelonas mit scharfer Nase, spitzen Ohren und wachen Augen war Zeichner, Aquarellist, Mitbegründer des Vereins der Aquarellisten von Barcelona, Typograph, Bibliograph und Journalist. Nicht zufrieden damit, war er auch gleichzeitig Gründer de «Katalanischen Vereins Wissenschaftlicher Exkursionen» in dem Gaudí im Alter von 27 bis 37 Jahren aktives Mitglied war.

Aufgrund seiner anarchistischen Ideen wurde Canibell in der Freimaurerloge unter dem Kriegsnamen Bakunin geführt. Er war ein Führer der «Arbeiterföderation der Spanischen Region» gewesen, zu einer Zeit, als das den Kopf kosten konnte. Mit der Revolution als Ausrede hatte sich in der Umgebung von Jerez (Andalusien) eine Gruppe Banditen gebildet – bekannt unter dem Namen La Mano Negra – die ohne Gnade raubte, folterte und mordete. Die Regierung behauptete, dass sie unter dem Schutz der Arbeitervereinigung stünden. Um sich zu distanzieren, veröffentlichte die Arbeiterbewegung eine Erklärung, in der sie versicherte, dass sich die andalusische Gruppe «nicht aus Arbeitern, sondern aus Banditen und Mördern zusammensetzte.»

Daraufhin drohte La Mano Negra mit der Ermordung Canibells und anderer Führer. Vom derart Bedrohten ist überliefert, dass er einige Zeit darauf äußerte: «Glücklicherweise liegt Jerez weit von Barcelona entfernt.»

Die Freundschaft zwischen Canibell und Gaudí ging jedoch nicht von der Politik aus, sondern von einem gemeinsamen *feeling*, das sie verband, und von verschiedenen Wünschen, die sie teilten. Gemeinsam war das Interesse für künstlerische und wissenschaftliche Natürlichkeit, die sie als Mittel ansahen, die katalanische Gesellschaft zu regenerieren und zu modernisieren.

II

Wenn ein Mensch über die anderen hinausragt und das in der Öffentlichkeit zeigt, bekommt er es früher oder später mit dem Neid und der Böswilligkeit der Unzufriedenen zu tun.

Es wird berichtet, dass der Architekt Domènech i Muntaner, von Gaudís Generation, die Idee in Umlauf brachte, Gaudí habe an antikirchlichen Zusammenkünften teilgenommen, die in einem Lokal am oberen Ende der Rambla stattfanden, dem Café Pelai.

Diejenigen, die Gaudí kannten, die ihn gut kannten, hat diese Anekdote nie befremdet. Josep Pijoan, Professor der Künste an der Universität Chicago (USA) und Zeitgenosse Gaudís, sagte, dass Gaudí «ein Mensch voller, zum Teil unbeschreiblicher Widersprüche war,» und dass «seine religiöse Krise lange Jahre dauerte.»

Das Café Pelai war obligatorischer Treffpunkt der Intelektuellen und Künstler in der katalanischen Hauptstadt. Aber der gemeinsame Nenner war nicht das Antikirchentum, obwohl auch vertreten, sondern der Katalanismus.

Das Cafë Pelai existiert nicht mehr, aber eine lebendige Beschreibung des Ambientes ist erhalten, dank der Feder des russichen Schriftstellers Issac Jakoblevitsch Pavlovski.

Pavlovski war jüdischer Abstammung, ein Nihilist, der in der Schweiz und in Frankreich im Exil gelebt hatte und sich 1884 einige Monate in Barcelona aufhielt. «Im Laufe meines Lebens habe ich viele Reisen unternommen – schrieb Pavlovski – aber nie habe ich so ehrliche Leute reinen Herzens getroffen wie in Katalonien, dem poetischen Land der Minnesänger... Vom Bewohner der pyrenäischen Gegenden bis hin zum gebildeten, belesenen und kapitalistischen Senyor aus der Stadt... Alle sprachen Katalanisch und konnten Kastilisch nicht ausstehen... Die Kinder verstehen kein Kastilisch bevor sie in die Schule kommen. In den Dörfern werden die Kastilier als Fremde betrachtet, ähnlich wie unser Mugic (russischer Bauer) die Türken oder Deutschen sieht... Wenn der katalanische Bauer vor Gericht erscheinen muss, braucht er einen Dolmetscher, da die Richter oft aus anderen Provinzen kommen und kein Katalanisch verstehen.»

Pavlovski fügt hinzu: «An Werktagen kommen bei jedem Wetter ab zwei Uhr mittags die Katalanisten ins Café Pelai und versammeln sich an einem Tisch, in einem Raum mit Türen zur Rambla und zur Strasse Pelai... Ich erinnere mich an ihre lebhaften Debatten, an die Hoffnungen, die meine katalanischen Freunde äußerten, an ihre überschwängliche Begeisterung und die berechtigte Entrüstung. Dieses Café ist eine authentische katalanische Institution, fast ein Parlament...»

Der unerschöpfliche und vielleicht explosive Motor, der im Innern Gaudís auf vollen Touren lief, ließ ihn viele Strecken schnell zurücklegen. Schließlich wurde er, von Zweifeln und Widersprüchen hin und hergerissen, von einem erfahrenen Architekten an der Hand genommen, von Joan Martorell i Montells.

Martorell war ein Mann mit außerordentlich gutem Character und sehr religiös. Er überging Gaudís Wirrungen. Es kann sein, dass er ihn besser als andere verstand. Jedenfalls öffnete ihm der zwanzig Jahre ältere Martorell Türen, die sich nicht jedem öffnen: Die der Ehren auf Erden und zur Hälfte wohl auch andere, die ins Jenseits führen.

KAPITEL 13

Vermögen aus Amerika

I

Der geduldige und erfahrene Architekt Joan Martorell hatte den jungen Gaudí als Assistenten und stellte fest, dass er es mit einem ungeschliffenen Diamanten zu tun hatte.

Martorell brachte ihm bei, wie man mit Hilfe der Geometrie statische Probleme bei den Konstruktionen löst, ohne auf die komplizierten mathematischen Formeln zurückgreifen zu müssen, die nicht gerade der starke Punkt des Architekten aus Reus waren.

Der Meister Martorell beschützte seinen Assistenten, verlieh ihm Flügel und stellte ihn dem idealen Kunden vor: Eusebi Güell, ein Schwergewicht der Geschäftswelt in Katalonien, Spanien und Teilen des Auslands.

Eusebi Güell i Bacigalupi war Erbe eines schnell angehäuften Vermögens, acht Jahre älter als Gaudí und verheiratet mit einer Senyora López, der hochnäsigen Erbin eines vielleicht noch größeren Vermögens, dessen Herkunft wirklich düster war.

Sie war die Erbin von Antonio López López, einem weit herumgekommenen Kastilier aus dem Ort Comillas (in der Provinz Santander in Nordspanien). Antonio López stammte aus einer einfachen Familie. Mit 14 Jahren war er nach Kuba emigriert, als die Insel, die größte der Antillen, spanische Kolonie war.

Nach zwanzig Jahren Aufenthalt hatte er ein unglaubliches Vermögen angehäuft. Wie? Vor allem durch den Handel mit schwarzen Sklaven.

Wieder zurück auf der iberischen Halbinsel ließ sich López López in der katalanischen Hauptstadt nieder, im Haus der Vidal Quadras, Katalanen aus Sitges, die auch durch das amerikanische Abenteuer reich geworden waren. López López gründete Unternehmen und Banken, kaufte Minen, Eisenbahnen, Landgüter und Einfluss. Und wie die machiavelistischen Dogen der italienischen Renaissance hatte er einen ehrlichen Priester zu Diensten, Pater Jacint Verdaguer, der später der große romantische Dichter der katalanischen Sprache werden sollte.

Comillas, das triste Dorf der Bergarbeiter, wurde sein privates Landgut, auf dem er prunkhafte Paläste und Monumente errichten ließ. Halb aus Prunksucht, halb vom Wunsch geleitet, seine schändliche Vergangenheit in Übersee vergessen zu machen, finanzierte López in seinem Heimatdorf auch ein Krankenhaus und, hoch über allem anderen gelegen und in einem beeindruckenden Gebäude untergebracht, ein Priesterseminar. Eine Lehranstalt für junge Männer, die sich auf das römisch katholische Priesteramt vorbereiten.

In Wirklichkeit waren López Taten keine «guten Taten», wie sie im Evangelium genannt werden, aber es ist ja bekannt: *Pecunia non olet* (Geld stinkt nicht), wie die Alten sagten. So muss das auch König Alfonso XII – aus der französischen Dynastie der Bourbonen - gesehen haben, der ihm 1878 den Adelstitel *Marquis von Comillas* verlieh.

Die Heirat von Eusebi Güell war als Zweckhochzeit höchstens mit den Vermählungen unter Kindern von Monarchen zu vergleichen.

Die Erbschaft von Mobilien und Immobilien, Industrien und Banken aus beiden Vermögen verdammte Eusebi Güell dazu, ein Geldhai der Finanzwelt zu sein. Trotz allem aber besass er keine der für die Raubtiere der Großfinanz typischen Eigenschaften.

Dem guten Senyor Eusebi gefielen das Zeichnen, die

Aquarellmalerei, die Architektur, das Studium der romanischen Sprachen – insbesondere der katalanischen und der französischen - die Literatur und die Amateurwissenschaft. Das alles war neu in der Familie Güell. Denn Senyor Eusebi war der Sohn eines nicht allzu rücksichtsvollen *Selfmademan.*

II

Die Güell kamen aus Torredembarra, einem Dorf barfüßiger Fischer, Bauern und Hirten in Camp de Tarragona, von dem aus der Schnaps nach Amerika exportiert wurde.

Der Großvater väterlicherseits von Eusebi Güell hatte sein Glück auf Santo Domingo (Antillen, Mittelamerika) versucht, war aber als armer Mann gestorben.

Danach versuchte es zu gegebener Zeit der Vater von Eusebi Güell. Im Alter von 18 Jahren emigrierte der Vater, Joan Güell, nach Kuba. Nachdem er es geschafft hatte, praktisch den ganzen Markt in La Habana zu monopolisieren, kam er 17 Jahre später, im Jahr 1835, mit vollen Taschen nach Katalonien zurück.

Ganz wie López López hatte Joan Güell das Gespür der Leute, die in ihrem Willen nach oben zu kommen, auf der sozialen Leiter jede zweite Stufe überspringen.

Zuerst kaufte er eine Fabrik, dann noch eine und noch eine, erlangte einen Sitz als Stadtrat im Rathaus von Barcelona, einen als Abgeordneter, als Senator. Es fehlte ihm nur noch sein Architekt: der ergebene Joan Martorell (dessen Bruder Àngel Martorell auf derselben Gehaltliste stand: Er war Direktor der wichtigsten Fabrik der Güell).

Nach dem Tod seines Vaters wollte Eusebi Güell auch seinen eigenen Architekten haben. Der Auserwählte sollte, auf Joan Martorells Rat hin, Gaudí sein.

Den Überlieferungen zufolge kamen Mäzen und Architekt gut miteinander aus. Aber der Senyor Eusebi Güell wusste noch nicht, mit wem er es zu tun hatte.

III

Der erste, oder einer der ersten Aufträge von Eusebi Güell fúr Gaudí war der Entwurf eines Jagdpavillons für ein Landgut an der Küste, in der Nähe Barcelonas. Bald darauf war die Rede von der Neugestaltung des Hauses nahe der Rambla in Barcelona, wo er wohnte, und vom Umbau eines Gutes, das Vergnügungszwecken diente, mit Pferdeställen und großem Garten. Es lag außerhalb der Stadt im Grünen und gehörte zum väterlichen Erbe.

Der *Clique* der wirklich Reichen anzugehören macht eine angemessene Nachbarschaft erforderlich, die einen gewissen Pedigree einbringt. Das Vergnügungslandgut lag auf halber Höhe eines Hügels, im ehemaligen Gemeindegebiet von Sarrià (im 20. Jahrhundert von Barcelona eingemeindet).

Es war umgeben von Feldern und Hängen, auf denen die Hirten ihre Schaf- und Ziegenherden weiden liessen.

Aber den Gipfel des Hügels beherrschte das mittelalterliche Kloster Santa Maria de Pedralbes, ein historisches Vermächtnis aus der Zeit der Ritter, ehrwürdige Zuflucht für Prinzessinnen und heilige Damen auf der Flucht vor der Schlechtigkeit des Jahrhunderts.

Im Innern des Klosters liegen in einer Grabstätte aus Alabaster die sterblichen Überreste der Gründerin aufbewahrt, Elisenda von Montcada - gestorben 1364 - Königin der Katalanen und Aragonier. Unter den kalten Bodenfliesen liegen die Überreste der Klarissinnen, Nonnen die mehrheitlich Töchter aus Familien des gotischen katalanischen Adels waren. Sie lebten in der Zeit, als Katalonien, gänzlich unabhängig von Kastilien und Frankreich, Herrscher über das Mittelmeer war.

Die Umgebung war vom Klang der Glocken erfüllt, die zum Gebet riefen. Dort würde Senyor Eusebi Güell seinen ganz persönlichen mythischen Garten anlegen.

Alles was Gaudí zu tun hatte war, das Bühnenbild zu entwerfen.

IV

Ohne die Arbeiten an der sogenannten Finca Güell beendet zu haben,- die mit den Ställen und dem Garten - nahm Gaudí viele neue Projekte in der Umgebung von Pedralbes in Angriff.

In dieser Zeit kannte seine Erfindungsgabe schon keine Grenzen mehr. Er bekam zusätzliche Aufträge von anderen Bürgern und hatte noch Beziehungen zu dem Kreis aus Mataró. Oft erledigte er verschiedene Aufträge auf ähnliche Art, was ihm bereits einen eigenen Stil verlieh.

Der nordamerikanische Professor George R. Collins äußerte dazu: «Der architektonische Stil Gaudís durchlief verschiedene Phasen. Als er aus der Architekturschule von Barcelona kam, verwendete er eine Art blumig *viktorianischen* Stil (nach der Regierungszeit der Königin Viktoria I. von England von 1837 bis 1901). Aber kurz darauf entwickelte er eine Bauweise der Gegeneinanderstellung geometrischer Massen. Eine bis dahin einmalige Methode. Verziert wurden die Oberflächen der Körper mit Steinen und Ziegeln, mit Keramikkacheln und geschmiedetem Eisen in Reptil- oder Blumenformen. Im Ganzen gesehen - aber nicht im Detail - erinnert es an den *Mudejar*-Stil, wie man diese besondere spanische Mischung aus christlicher und arabischer Kunst nennt. Beispiele sind Casa Vicens (1878-80), Finca Güell und Palau Güell gegen Ende des Jahrzehnts 1880. Danach experimentierte Gaudí mit den dynamischen Möglichkeiten historischer Stile, der Gotik und dem Barock.

V

Während dieser Zeit hatte der Meister Joan Martorell ein heikles Problem zu lösen.

Der Grundstein des Tempels, den sich Pater Manyanet – der Gründer der Institute *Fills de la Sagrada Família* – ausgedacht hatte, war schon seit 1882 gesetzt.

Der beharrliche Verleger mit den Augen eines Hellsehers, der alte Senyor Josep Maria Bocabella, hatte das nötige Geld für den Beginn der Arbeiten gesammelt.

Mit den Arbeiten wurde Francisco de Paula del Villar beauftragt, ein guter Mensch aus Murcia (einem alten Königreich im Südosten der Iberischen Halbinsel). Er arbeitete in der Diözese von Barcelona und war Gaudís Professor gewesen.

Villar hatte einen eher mittelmäßigen Ruf. Als der Entwurf schon fertiggestellt war und die Bauarbeiten an der Krypta begannen, kam es, warum auch immer, zu den ersten Auseinandersetzungen.

Der gute Senyor Villar wollte die Säulen der Krypta auf die eine Art ausführen, während der beratende Architekt des Verlegers Bocabella, der Meister Joan Martorell, eine andere Art vorzog.

Sie kamen in Streit und Villar kündigte.

Daraufhin dachte der Meister Martorell, dass Gaudí, der ihm gerade bei den Arbeiten an einem Konvent half, den Auftrag erhalten könnte, die Arbeiten an der Sagrada Família zu leiten.

Schließlich handelte es sich eher um einen Routineauftrag. Die Pläne waren fertig und gut gemacht.

Es gab nur ein Hindernis. Der alte Senyor Bocabella und die Vereinigung der *josefins* waren katholisch, apostolisch und römisch wie es im Buche steht. Gaudí dagegen war nicht gerade ein frommer Gläubiger.

KAPITEL 14

Vorahnung oder Visionen der anderen Welt

I

Bocabella und Gaudí kannten sich noch gar nicht.

Der junge Architekt musste sicher von diesem erleuchteten Verleger gehört haben, der jede Menge Spenden gesammelt hatte, um in Barcelona eine neue Kirche zu errichten.

Dagegen ist es unwahrscheinlich, dass Senyor Bocabella, der schon auf die siebzig zuging, viel über den jungen Assistenten des Meisters Martorell wusste, wenn er überhaupt etwas wusste. Aber der alte Senyor Bocabella hatte volles Vertrauen in Martorell. Als jener dann Gaudí als Verantwortlichen für die Fortführung der gerade begonnenen Arbeiten an der Kirche Sagrada Família vorschlug, hatte Bocabella folglich nichts einzuwenden.

Und er hatte nicht nur nichts einzuwenden, er glaubte viel mehr, dass es der ideale Mann war.

Der erste Eindruck entscheidet.

Auf den ersten Blick unterschied sich Gaudí vom großen Rest, weil er blond war. Das allein hatte natürlich nichts zu bedeuten. Aber diese Laune der Natur ging mit einer anderen Eigenschaft einher, ebenfalls eine Seltenheit in katalanischen Breiten: Er hatte blaue Augen.

Blaue Augen! Genau, wie es eine Verwandte Bocabellas vorhergesagt hatte!

Die fromme Tante Joaquina musste eine Erleuchtung gehabt haben, eine göttliche Eingebung, wie die *josefins* sagten, oder eine Vorahnung vielleicht, wie es die Rationalisten bevorzugen würden, da es sich bei den Vorahnungen um nachgewiesene Phänomene handelt.

Dieser Eingebung oder Vorahnung zufolge – die sie kurze Zeit vor dem Gespräch hatte, das Bocabella und Gaudí in Martorells Büro führten – sollte der Architekt der Kirche Sagrada Família blaue Augen haben!

Wie wichtig konnte das sein?

II

Bekanntlich ruft jede der Grundfarben eine andere psychologische Reaktion hervor. Blau erscheint dem menschlichen Auge positiver als schwarz.

In einer Bevölkerung, bei der dunkle Augen vorherrschen, fällt jemand mit blauen Augen auf. Und das Volk bewundert das Blau und hält es für ein Zeichen von Charaktergüte. Ein Beispiel dafür - auf die Frauen bezogen - findet man in einem Aphorismus aus der Gegend von Olot (im katalanischen Innenland):

«Ull blau i cell rossa
fan la gran mossa»
(Blaue Augen und blonde Brau'
machen groß die Frau.)

Es ist also nicht verwunderlich, dass diese Überzeugung in die religiöse Vorstellungswelt eines einfachen Volkes überging und sich in bestimmtem Maß auch noch im heutigen Katalonien erhalten hat. In den Ortschaften, in denen an Ostern die Passionsspiele von Laienschauspielern vorgeführt werden, gilt es als selbstverständlich, dass der Josef-Darsteller blaue Augen hat. Im 19. Jahrhundert war diese Vorstellung noch verbreiteter, da der Prozess der Entchristianisierung noch gar nicht richtig begonnen hatte.

III

Auf den wenigen Photographien, die von Gaudí erhalten sind – natürlich schwarzweiß - ist es unmöglich, die Augenfarbe zu erkennen. Wohl aber sieht man den stechenden Blick. Der Kapellan Llorenç Riber – Zeitgenosse des Architekten – sprach von «diesen Augen (Gaudís), die gleichzeitig begeistern und beängstigen.»

Personenbeschreibungen sind immer sehr subjektiv. Oft sind sie ein Gemisch aus objektiven Beobachtungen - die von anderen Personen bestätigt werden - mit der mehr oder weniger blühenden Phantasie des Schriftstellers.

Es ist aber von Bedeutung, dass mehr als nur ein paar Zeitgenossen die Augen Gaudís auffielen, und dass sie darüber berichtet haben.

Der Journalist Jaume Borell, ein Zeitgenosse Gaudís, schrieb: «Gaudí trat seinen Zuhörern gegenüber und zog sie in seinen Bann mit dem *Licht seiner Augen* und mit seinen Worten.»

Bezeichnend ist auch der Bericht von Miquel Ferrà, Bibliothekar der Universität Barcelona in den ersten Jahrzehnten der 20. Jahrhunderts. Er war aus der Generation vor Gaudí und hatte ihn somit erst in fortgeschrittenem Alter, aber auch sehr nahe kennengelernt. Er sagte:

«In keinem Blick habe ich soviel frohes Licht gesehen, von sanfter Bescheidenheit, vereint mit einem derart penetranten und harten Blitzen.

Seine Augen schmetterten alle Eitelkeit und leere Anmaßung nieder und konnten doch zärtlich wohlgefällig sein. Sie bewunderten alles Reine und Schöne dieser Welt und das Schöpferische der anderen.»

KAPITEL 15

Extravaganzen

I

«*Das sieht aus wie eine Rasierstube!*» schrie außer sich, die hochnäsige Senyora López.

Die sich da empörte, war die Eigentümerin des Hauses. Eines Hauses, das Gaudí im Auftrag ihres Gatten Eusebi Güell baute.

Der Verdacht liegt nahe, dass der künstlerische Geschmack der Erbin des Sklavenhändlers López López abscheulich war. Aber es kann auch sein, dass die überwältigende architektonische Gestaltungsfreude Gaudís vielleicht etwas zu weit ging.

An dem neuen Haus, das der Architekt nahe der Rambla errichtete, gefiel der feinen Dame der einheitlich gehaltene Erker aus rechteckigen Scheiben nicht. Die Form des Erkers passte nicht zum Rest der Fassade. Aber die Eigentümerin konnte nichts dagegen tun, da ihr Gatte zu allen neuen Phantasien Gaudís Ja und Amen sagte.

Die größte Überraschung ist jedenfalls für alle Betrachter mit gesundem Menschenverstand nicht so sehr die überströmende Phantasie des Architekten, sondern viel mehr die Tatsache, dass es bestimmten Familien überhaupt in den Sinn kommen konnte, die unbequemen, kunterbunten Gebäude Gaudís zu bewohnen.

Der zentral gelegene Salon, der ja wohl als Heim der Familie Güell-López dienen sollte, war nicht weniger als eine symbolische Darstellung des Kosmos!

Hoch oben wölbte sich eine Himmelskuppel und beherrschte den Raum. Die technische Ausführung war, wie Joan Bassegoda, ein Architekt aus unseren Tagen, ganz ohne Ironie beurteilt, «auf ähnliche Art gelöst, wie die Kuppel der Kathedrale Saint Paul in London.»

Was das Spektakuläre, Verworrene betrifft, so erinnert dieses Haus entfernt an den Palast der pathetischen Gloria Swanson in *Sunset Boulevard*, einem Schwarzweißfilm aus dem Hollywood von 1950.

Herr Güell und Frau López lebten wenige Jahre in diesem saturnischen Szenarium. Das Theaterartige des Gebäudes kam hundert Jahre später zur Geltung, als es Theatermuseum der katalanischen Hauptstadt wurde.

Und die Frage ist: Wie war es möglich, dass die Kunden Gaudí soviel individuellen Spielraum ließen?

II

Bis in die zweite Hälfte des 20. Jahrhunderts waren anonyme Baumeister oder Vorarbeiter für die Bauarbeiten verantwortlich.

In den europäischen Städten sind unzählige Beispiele von soliden Gebäuden erhalten, die den Leuten nützlich und schön anzusehen waren. Über Generationen wurden sie von aufrichtigen Handwerksleuten errichtet, deren Namen die Geschichte der Großen nicht überliefert, ja oft nicht einmal die der kleinen Leute.

Aber die Wissenschaft wurde unaufhaltsam vielseitiger und machte bei Technik und praktischer Anwendung Baufachleute mit einem höheren Studienabschluss erforderlich, der nicht mehr jedermann zugänglich war. Eine Folge dieser Entwicklung war 1871 die Einrichtung der Escola d'Arquitectura in Barcelona.

Ein neuer Individualismus setzte sich durch. Viele Maler wollten sich als *Künstler* verstanden wissen - als Individuum mit individueller und besonderer Eingebung. Sie lehnten es ab, Auftragsarbeiten zu übernehmen und als namenlose Kunsthandwerker, als normale Arbeiter angesehen zu werden.

Genauso wollten sich die frisch diplomierten Architekten von den anderen Fachhandwerkern abheben und als Angehörige einer Gruppe mit höherem *Status* gelten.

Der Zeitpunkt war günstig.

Die in Amerika zu Reichtum gekommenen *Selfmademen* und die neue Bürgerschicht des wachsenden Barcelona hatten das Bedürfnis zu zeigen, dass sie es im Leben zu etwas gebracht hatten. Die sichtbarste Form, diese menschliche Schwäche zu befriedigen, war der Bau eines prächtigen Hauses, das dem Nachbarhaus in nichts glich.

Sie brauchten also als Baumeister oder Architekten eine Persönlichkeit mit viel Phantasie, aber nicht unbedingt mit gutem Geschmack.

Unter diesen Umständen war Gaudí *the right man in the right place* (der richtige Mann am richtigen Ort). Seinem Gehirn entsprang eine sprudelnde Quelle schöpferischer Einbildungskraft, und er besaß die Kühnheit eines Egozentrikers.

III

Erstaunlich sind nicht nur die Bauwerke Gaudís, sondern auch seine sehr individuelle Art, die Aufträge seiner verschiedenen Kunden auszuführen und die Beziehungen, die er zu diesen hatte.

Für Senyor Manuel Vicens, einem gestandenen katalanischen Töpfereibesitzer, baute er außerhalb von Barcelona ein Haus, in das man durch eine fremdartig anmutende Tür gelangt: Man könnte denken, es handele sich um die Tür eines Sultans vom Persischen Golf.

Der herzensgute Senyor Eusebi Güell hatte sich sein neues Anwesen in Pedralbes als behaglichen Ort vorgestellt. Unverständlicherweise brachte Gaudí am Haupteingang zum Garten des Anwesens einen schmiedeeisernen

Drachen an, dessen drohender, aufgerissener Rachen sich den möglichen Besuchern zuwendet.

Die persönliche Note Gaudís ist selbst bei solchen Projekten wie in Stein gemeißelt, die wie der Rosenkranz der Aurora endeten.

Im Jahr 1887 wurde Pater Joan Grau zum Bischof von Astorga (Kastilien) ernannt. Der Prälat war gebürtig aus Reus und wählte Gaudí für den Bau eines neuen Bischofpalastes in dieser kastilischen Stadt. Der Bischof war zwar zwanzig Jahre älter als der Architekt, aber die gemeinsame Herkunft ermöglichte ein gutes Einverständnis.

Bischof Grau starb bald darauf, und der Vikar und die kastilischen Domherren taten alles Erdenkliche, um die Arbeiten am Bauwerk «der Katalanen» zu stoppen. Es wurde auch tatsächlch erst viele Jahre später fertiggestellt.

Trotz alledem gelang es Gaudí, seinen unverwechselbaren Stil durchzusetzen. Von weitem gesehen erinnert der Bischofspalast von Astorga heute an eine mittelalterliche Festung am Rhein, was sich weder der Bischof Grau noch die Kastilier von Astorga so vorgestellt hatten.

IV

Einige der Geschichten, die über Gaudí erzählt werden, haben mit dem Unglück zu tun. Aber nicht das Unglück im gebräuchlichen Sinn des Wortes ist gemeint, das etwas Schicksalbedingtes, ein sinnloser Zufall ist, sondern das Unglück, wie es die okulten Wissenschaften und abergläubische Menschen verstehen. Ein Fall ist Casa Calvet, Hausnummer 48 in der Straße Calvet in Barcelona.

Pere Màrtir Calvet war ein Fabrikbesitzer aus Vilassar de Mar – nicht weit von Barcelona entfernt gelegen – und war in der Textilbranche zu Reichtum gekommen. Er wünschte sich Gaudí als Erbauer seines Hauses im Herzen der Geschäftswelt und des Ansehens, im Zentrum Barcelonas.

Weder Bauherr noch Archtitekt versagten sich etwas. So wurden etwa die Eisengeländer des Hauses mit einer feinen Goldschicht überzogen. Wie der Gelehrte J. Elias es ausdrückte, «hatten sich zwei Phantasten gefunden: Der Fabrikant, verschwenderisch und fröhlich, und der Architekt ein Feind der Kostenvoranschläge und der Zurückhaltung ohne Sinn für das Praktische.

Obwohl sie sich gut verstanden, musste der Fabrikant in einem Fall Einhalt gebieten. Der Architekt hatte vor, im Windfang der Vortür eine Zugbrücke zu bauen! Eine Zugbrücke wie in den mittelalterlichen Burgen!

Die Brücke wurde nie gebaut.

Auf den ersten Blick hat das Haus nichts Außergewöhnliches, einmal abgesehen von den unzähligen Pilzen, die die Fassade verzieren. Und Senyor Calvet war ein großer Sachverständiger dieser uralten, und je nachdem gefährlichen Speise der Katalanen. Aber der Phantast Calvet konnte sich nicht lange an seinem Haus der Pilze erfreuen.

Er machte bankrott.

Er sah sich gezwungen, das Haus an einen gewissen Senyor Joan Boyer zu verkaufen. Und Senyor Calvet verwandelte sich vom Eigentümer in den Mieter einer Wohnung des Gebäudes. Die Mieten bezahlte er mit Möbeln und dem spärlichen Eigentum, das ihm verblieben war. Es wird gesagt, dass er gänzlich vergessen und verarmt starb.

Eine andere Anekdote vom Unglück ist diese:

Nach der Fertigstellung des Torre de Bellesguard genannten Hauses im Gemeindegebiet von Sant Gervasi de Cassoles (heute in Barcelona eingemeindet) baten der Eigentümer oder die Eigentümerin den Architekten, an dem übertrieben hohen, oben abgestumpften Turm, der das Haus überragte, einen Blitzableiter anzubringen.

Offenbar versicherte Gaudí, dass dies nicht nötig sei, weil noch nie ein Blitz in der Umgebung eingeschlagen habe, und «man die göttliche Vorsehung nicht versuchen solle.»

Der Besitzer oder die Besitzerin bestanden aber auf ihr Anliegen, und der Blitzableiter wurde angebracht.

Wenige Tage später gab es in Sant Gervasi ein höllisches Gewitter, und... ein Blitz schlug in das Haus ein.

V

Der Industrielle Josep Battló besaß am Paseo de Gracia, in der Stadtmitte Barcelonas, ein gewöhnliches Mietshaus, mit dessen Umbau und Modernisierung Gaudí beauftragt wurde.

Sollte es sein Hauptwunsch gewesen sein, sich hervorzuheben, so konnte er sich nicht beschweren.

Auf den ersten Blick scheint Casa Battló ein Haus der *Elfen* zu sein, der phantastischen Wesen aus dem Lande Tolkiens.

Auf der Suche nach einer Erklärung für das ungewöhnliche Aussehen des Hauses nannten es die Barcelonesen «das Haus der Knochen», weil sie die Säulen der Fassade an Schien-, Waden- und Schlüsselbeine, an Wirbel und Schädel des menschlichen Körpers erinnerten.

Alles zusammen ergab zwar ein recht merkwürdiges Ganzes, aber Battló bezahlte einen teuren Einfall des Architekten nach dem anderen, ohne dass dieser auch nur einmal auf die praktischen Einwände gehört hätte, die die Eigentümer ab und zu äußerten.

Josep Battló hatte einen schwachen Charakter, aber seine Gattin war eine Godó, und die Godós dieser Zeit waren Leute, die keinen Spaß verstanden.

Gebürtig aus Igualada, einer Stadt im Landesinneren, waren sie jetzt wichtige Leute vor Ort. Joan Godó – Bürgermeister gegen Ende des 19. Jahrhunderts – war allgemein bekannt unter dem Spitznamen *El Morrut*, also als einer, der immer schlechte Laune hat oder ein böses Gesicht macht.

Ein anderer Zweig dieser Familie – Angehörige der Gründer der Tageszeitung *La Vanguardia* – hatten sich zeitweilig in Bilbao (Baskenland) niedergelassen; dort wurde die Senyora Godó geboren, die dann später Josep Battló heiratete.

Obwohl sie aus einer katalanischen Familie stammte, einen Katalanen geheiratet hatte und in der Hauptstadt Kataloniens wohnte, sprach die Gattin von Josep Battló ausschließlich kastilisches Spanisch und folgte damit dem Beispiel des an Madrid gebundenen wohlhabenden Bürgertums.

Dagegen sprach Gaudí unbeirrbar und ausschließlich Katalanisch... noch dazu mit dem speziellen Akzent der Gegend um Reus. Die Abneigung zwischen dem Architekt und Senyora Godó war absolut und gegenseitig. Das alles, vereint mit der Gaudí eigenen Unbesonnenheit, musste zu irgendeiner Art Explosion führen.

Der Ausgang der Geschichte wurde so geschildert: «Ohne das Haus fertiggestellt zu haben, wurde Gaudí fristlos entlassen.»

VI

Drei Minuten zu Fuß von Can Battló entfernt, auf der anderen Seite des Paseo de Gracia, besaß Pere Milà ein schlichtes Chalet mit Garten, auf einem Grundstück, wo einst eine der «Mare de Déu del Roser» geweihte Wallfahrtskapelle gestanden hatte.

Milà war Sohn eines Geschäftspartners der Familie Godó und sah sich ebenfalls zu immobilistischer Großtuerei genötigt.

Aber er hätte es wohl nicht gewagt, Gaudí einen Auftrag zu geben, wäre da nicht der Einfluss seiner Ehefrau Roser Segimon gewesen, einer wunderschönen und ein bisschen extravaganten Frau aus Reus. Sie hatte Pere Milà als Witwe von Josep Guardiola geheiratet, einem Geschäftsmann aus Camp de Tarragona, der aus einem nahe Riudoms gelegenen Dorf stammte. Guardiola hatte sich in

Guatemala (Mittelamerika) mehr als nur das nötige Kleingeld verschafft. Unter anderem war er als Aktionär am Panamakanal beteiligt.

Bis hier wäre die Geschichte von Guardiola wie eine von vielen, die nach Amerika gingen.

Aber der Name Guardiola hob sich mit vollem Verdienst von anderen ab, da er die Hauptrolle bei einer dieser Spinnereien spielte, mit denen die Katalanen hin und wieder die Welt verblüffen.

Im Jahr 1895 veröffentlichte Guardiola die Grammatik einer Sprache, die er von vorne bis hinten selbst erfunden hatte... und die niemand jemals zu verstehen versucht hat. Titel des Werkes: Gramatica uti nove prata kiamso orba (sic!).

Mit dieser Vorgeschichte und dem geerbten Vermögen Guardiolas, gab die extravagante, mit einem Mann wie Milà verheiratete Roser Segimon den Bau eines der schändlichsten Gebäude Barcelonas in Auftrag: Die Stierkampfarena Monumental.

Später setzten Senyora Segimon und ihr Gatte, Senyor Milà, der Extravaganz die Krone auf und beauftragten Gaudí mit dem Bau eines großen Wohnblocks dort, wo sie das Chalet mit Garten hatten. Das Gebäude wurde in unterbrochen gewellten Formen errichtet, die der Versteinerung einer vulkanischen Naturkatastrophe in den Parks der Rocky Mountains mehr gleichkommt als einem menschlichen Bauwerk. Die *vox populi* gab ihm den Namen «La Pedrera» (Der Steinbruch).

Es wird gesagt, dass der französische Minister Georges Clemenceau während eines kurzen Aufenthaltes in Barcelona das Gebäude sah und äußerte, dass er sich «nicht vorstellen könne, in eine Stadt zurückzukehren, der es möglich ist, den Bau einer solchen Scheußlichkeit zu erlauben.»

Gaudís Absicht war, das Gebäude mit einer riesigen Darstellung der Jungfrau Maria auszustatten.

Das Ehepaar wehrte sich dagegen.

Gaudí bestand darauf.

Stimmte es nicht, dass das Grundstück über Jahrhunderte hinweg die Wallfahrtskirche «Mare de Déu del Roser» beherbergt hatte? Also musste – Gaudís Gedankengängen entsprechend – die Jungfrau Maria ihren Platz im Haus haben, und zwar am bedeutendsten Ort.

Dem Architekten blieb nichts anderes übrig als nachzugeben. Das Bildnis der Jungfrau Maria wurde nicht angebracht.

Aber das war nicht die einzige Meinungsverschiedenheit. Die letzte ergab sich, als die Rechnung vorgelegt wurde.

Das Ehepaar Milà-Segimon weigerte sich, die Honorare zu bezahlen.

Gaudí ging mit der Sache vor Gericht. Man gab ihm Recht. Das Ehepaar Milà-Segimon musste ein Hypothek auf das Haus aufnehmen, um dem Architekten bezahlen zu können.

Als dann Gaudís Ehre damit wieder hergestellt war, überwies er den ganzen Betrag an ein Nonnenkloster. Er hatte es satt, den wohlhabenden Bürgern zu dienen. Sein einziger Gedanke war nur noch die Weiterführung der Arbeiten an der Sagrada Família, die er vor so vielen Jahren begonnen hatte.

Mit jedem Jahr, das verging, sah man ihn weniger interessiert an weltlichen Angelegenheiten.

Jaume Bofill, ein zeitgenössischer Journalist mit Neigung zur Ironie und nicht sonderlich begeistert von der Kunst Gaudís urteilte damals: «Gaudí war ein äußerst korrekter Mann von Welt gewesen. Der elegante Herr aus guter Gesellschaft, der an vielen Tagen nicht einmal aus dem Wagen stieg, um Anweisungen am Fuße des Sühnetempels Sagrada Família zu geben, wurde von der Barmherzigkeit erobert und in das zurückgezogene Leben eines Oblaten des Tempels geführt.» (*Oblate*: Laie, der in einem Kloster lebt.)

Wie auch der Kunstgeschichtler Manuel Torres sagte: «Gott war der einzige Herr, mit dem Gaudí bis zum Schluss gut auskam.»

1. Drachen des Parks Güell.

2. Eine Ecke im Park Güell.

3. Bänke im Park mit unregelmässig zerstückelten, bunten Keramikfliesen dekoriert.

4. Gebäude im Stil eines «dorischen Tempels» im Park Güell.

5. Kolonnade im dorischen Stil im Park Güell.

6. Tür des Hauses Vicens.

7. Interieur des Hauses Vicens.

8. Fassade des Hauses Calvet in der Caspe Straße in Barcelona.

9. Wasserspeier mit menschlichem Kopf, der über den oberen Fassadenteil des Hauses Calvet herausragt.

10. Schmiedeeiserner Käfer als Schmuck der Türklinke des Hauses Calvet.

11. Auf den Reliefbildern des Hauses Calvet sind viele Pilze zu erkennen.

12. Bellesguard Turm im höheren Stadtviertel von Barcelona.

13. Inneres des Turms (Privatvilla) von Bellesguard.

14. Türme des Tempels der Sagrada Família.

15. Ostfassade der Sagrada Família.

16. Christus-Anagramm an der Ostfassade der Sagrada Família.

17. Die Fülle katholischer Symbolik überall in der Sagrada Família ist überwältigend.

18. Die monumentalen Skulpturen von der Geburt Jesu im Zentrum der Ostfassade veranschaulichen auch die Lebensfreude.

19. Die Skulpturen der Ostfassade, von dem Bildhauer Matamala ausgeführt.

20. Die zwischen den Türmen hervorragende Steinzypresse versinnbildlicht die Unverderblichkeit.

21. Fantastische Keramikdekoration, die die Turmspitzen der Sagrada Família krönt.

22. Säulenwald des Tempels der Sagrada Família.

23. Geschmiedeter Drache an der Tür der Finca Güell in der Avenida de Pedralbes in Barcelona.

24. Parabolische Decke im Col·legi de les Teresianes in der Straße Ganduxer in Barcelona.

25. Haus Batlló in der Straße Passeig de Gràcia in Barcelona.

26. Die nächtliche Beleuchtung gibt dem Haus Batlló ein phantasmagorisches Aussehen.

27. Fenster des Hauses Batlló.

28. Haus Batlló: Das vierarmige Kreuz, das sich im Vordergrund erhebt, ruft einen Kontrast mit dem gewellten Dach des hinteren Teils hervor, die Haut eines Drachens nachahmend.

29. Detail der gewellten Kamine auf dem Flachdach des Hauses Batlló.

30. Fassade des Hauses Milà, volkstümlich «La Pedrera» genannt, in der Straße Passeig de Gràcia in Barcelona.

31. Kamine von «La Pedrera».

32. Ein Salon von «La Pedrera».

33. Schmaler Gang in «La Pedrera».

34. Krypta in der Colònia Güell von Santa Coloma de Cervelló in der Nähe von Barcelona.

35. Innenräume der Krypta der unvollendeten Kirche der Colònia Güell.

KAPITEL 16

Adéu-siau, Vater!

I

«Ein Verrückter, der sich Irrtümer leisten konnte, weil die Musen ihn liebten.» Das sagte der italienische Historiker Roberto Pane über Gaudí.

Ein Kollege des Architekten Louis Henry Sullivan, dem Erbauer von Wolkenkratzern aus blanken Geraden, sah in Chicago (USA) Fotographien der Sagrada Família und meinte:

«Der Urheber dieses Werks ist entweder ein Verrückter oder ein Genie.»

Die wirklichen Verrückten, überflüssig es zu erwähnen, sind nicht in der Lage Kathedralen oder Tempel wie die Sagrada Família zu errichten. Allerdings ist es wahr, dass die sonderbaren gaudianischen Formen einen eigentümlichen Geist erkennen lassen.

Eine chronische Rheumakrankheit, eine geplagte Psychologie und Depressionen waren auf jeden Fall in Gaudís Leben gegenwärtig.

II

Mit 42 Jahren, während der Fastenzeit im Jahr 1894, fastete er so lange und radikal, dass er in einen Zustand alarmierender Schwäche geriet.

In der Fastenzeit, in den vierzig Tagen, die dem christlichen Osterfest vorausgehen, fasteten die katholischen Familien und lebten abstinent. Oder besser gesagt, sie verzichteten darauf, bestimmte Lebensmittel zu sich zu nehmen oder reduzierten die Portionen.

Aber Gaudís Fasten war so übertrieben, und ging wahrscheinlich mit einer Depression einher, – wer weiß! – dass es den Vater und die Nichte, mit denen er lebte, beunruhigte.

Die Familie bat die Techniker, die an der Sagrada Família arbeiteten, um Hilfe. Sie sollten ihn besuchen und erreichen, dass er wieder Nahrung zu sich nahm.

Aber es war nichts zu machen, und gänzlich verzweifelt bat man seinen Freund, den Kapellan Josep Torres i Bages, um Hilfe.

Pater Torras i Bages war ein sehr kurzsichtiger Mann aber robust und stark, er hatte – wie ein Chronist ihn beschreibt - eine sehr männliche Stimme und war gerecht im Urteil. Seine Anwesenheit flößte Respekt ein.

Pater Torras eilte zum Haus des Architekten, der sich schon an der äußersten Schwelle der Entkräftung befand, und erreichte, dass dieser sein Fasten aufgab.

Kurz darauf, als er gerade begonnen hatte, sich von seinem Eintritt in das Vorzimmer des Todes zu erholen, setzte Gaudí sich in sein Büro, nahm einen Bleistift, zeichnete die Hauptfassade der Sagrada Família und entwarf ihre Gesamtausführung.

III

Der Vater des Architekten hatte Freude am Leben, wahrscheinlich mehr als sein Sohn.

Wie viele Männer seiner Generation war Francesc Gaudí, der alte Kupferschmied aus Riudoms, ein Mann, der gerne zu Fuß ging.

Die langen Wanderungen, eine eiserne Gesundheit und die von dem deutschen Pfarrer Sebastian Kneipp empfohlene Naturmedizin – sein Ruhm war damals gerade nach Katalonien gelangt – hatten dazu beigetragen, das Francesc Gaudí mit 90 Jahren in perfekter körperlicher Verfassung war, zwei oder drei Zigarren täglich rauchte und ohne Hilfe die Treppen zu seiner Wohnung im vierten Stock der Straße Diputación hinauf und hinunter stieg.

Seit beinahe dreißig Jahren war er Witwer.

Von seinen fünf Kindern waren vier gestorben.

Und es schien, als ob sich in ihm alle überschüssige Lebenskraft der Familie Gaudí-Cornet vereinte.

Er war ein mittelgroßer Mann mit breiten Schultern, mächtigem Kopf und gleichmäßigen Gesichtszügen. Er hatte den gleichen forschenden und konzentrierten Blick wie sein Sohn, der Architekt.

Er verlor nicht zu viele Worte, und wenn er sprach, dann nicht über Theorien, sondern über das Land, die Weinberge, das Wasser und die Bäche, die aus den Bergen kamen, über die Hitze und die Kälte und den Wind.

Um seinem Vater ein ruhigeres Leben zu ermöglichen, ohne die Angst vor Pferdewagen und dem Gewirr der Stadt, kaufte Antoni Gaudí ein kleines, von einem anderen Architekt errichtetes Häuschen auf dem Geländes des Park Güell. Das war eine nicht fertiggestellte Siedlung in den Bergen, die sich nördlich der Ebene von Barcelona erheben. Sie wurde vom Mäzen Eusebi Güell finanziert. (Die Siedlung war ein wirtschaftlicher Misserfolg, aber der von Gaudí angelegte Garten ist noch erhalten. Dem Architekt Salvador Tarragó zufolge, handelt es sich um «den ersten Versuch einer Garten-Stadt in Katalonien»).

So zogen also der Vater, sein Sohn und die Nichte Rossita, die von klein auf bei ihnen wohnte, in die Berge.

Aber der Vater hatte lange genug gelebt, um sehen zu können, wie die phantastischen Formen, die der Vorstellungskraft seines jüngsten und als einzigem am Leben gebliebenen Sohnes entsprangen, langsam in Stein Gestalt annahmen. Wie die Steine zu Türmen wurden und dieTürme der Kirche höher und höher ragten, so wie die

Zypressen des alten Friedhofs von Riudoms - die Zypressen, die Symbol der Unvergänglichkeit sind.

Also konnte er beruhigt gehen und dem allem Lebewohl sagen.

Francesc Gaudí i Serra, der alte Kuperschmied aus Riudoms, Witwer von Antònia Cornet, verstarb am 29. Oktober 1906 im Alter von 93 Jahren.

Es war ein angekündigter Tod. Aber ein Kind seiner Eltern kann sich nicht im entferntesten den Schlag vorstellen, den dies bedeutet, bis es hilflos vor dem Sarg niedersinkt.

Für Antoni Gaudí, der schon 54 Jahre alt war und immer mit seinem Vater gelebt hatte, bedeutete es auch den Tod seines treuesten Gefährten in schlechten wie in guten Zeiten.

VI

Als sein Vater gestorben war, widmete sich Gaudí mit größerem Interesse einem Projekt, das die Kirche der sogenannten «Colonia Güell de Santa Coloma de Cervelló» werden sollte, in der Nähe Barcelonas. Der Grundstein wurde 1908 gesetzt, aber nur die Krypta wurde fertiggestellt. Es ist wahrscheinlich das genialste von allen Werken des Architekten, aber es blieb unvollendet.

Schlechte Zeiten kamen auf die Kirchen zu, und noch schlimmere auf die katalanischen Kirchen.

KAPITEL 17

Der Tag des Tieres oder die Tragische Woche

I

Am Tag des Tieres stiegen riesige Rauchsäulen auf und verdunkelten die Sonne und den Himmel.

Barcelona erzitterte vor Angst und Hass.

Von den Dächern aus sah man den Rauch aus den Kirchtürmen steigen.

Was als spontaner Volksaufstand begonnen hatte – gegen die unwürdigen Arbeitsbedingungen und gegen die Mobilmachung spanischer Regierungssoldaten, die die Männer zum Krieg gegen Marokko rekrutieren sollten – war unvorhergesehen in eine religïose Verfolgung umgeschlagen.

Die Ereignisse gingen als die Tragische Woche in die Geschichte ein.

Am Montag, dem 2. August 1909 wurde über das Ausmaß der Zerstörungen Bestand aufgenommen: Achtzig abgebrannte kirchliche Gebäude, drei ermordete Pfarrer, die Leichen der Klosternonnen aus den Gräbern gerissen und auf die Straßen geworfen.

Die verwesten Leichen der Ordensfrauen waren durch die Straßen getragen worden, in Szenen voller mittelalterlichen Grauens, die wohl nicht einmal Malern höllischen Deliriums wie Hieronymus Bosch oder Bruegel in den Sinn gekommen wären.

II

Unter den Proletariern herrschte Verzweiflung.

In Krisenzeiten verkündeten die Fabrikanten den *lock-out* und schlossen die Fabriken, den Arbeitern stand das Elend bevor.

Nicht alle Bosse waren wie der gute Senyor Eusebi Güell, der sich um seine Arbeiter der «Colonia Obrera de Santa Coloma de Cervelló» kümmerte.

Es gab genug Bosse, die selbst von ganz unten kamen und eine andere Auffassung vertraten: «Für die Arbeiter sind Brot und Zwiebeln genug.»

Es herrschten Verzweiflung und Unwissenheit.

Als Papst Leo XIII «sich in einer Art heiliger Erbosung wegen der Überschreitungen der Reichen erzürnte» und die Enzyklica *Rerum Novarum* veröffentlichte, wurde das von den spanischen Bischöfen verheimlicht.

Der einzige, der sich in Katalonien getraute, den Text zu verbreiten, war Josep Morgades, der Bischof von Vic.

Die Angst, den Zorn der Reichen zu wecken, war in Mexico noch grösser. Der Bischof von San Luis de Potosí versteckte den Text der Enzyklica sogar gut verschlossen im Keller.

Es herrschten Verzweiflung, Unwissenheit und Leichtgläubigkeit.

Unter den Arbeitern in den Städten entflammte die Demagogie der Anhänger Bakunins das schwelende Feuer der Kirchenfeindlichkeit. Leichtgläubigkeit gegenüber den politischen Anstiftern in den Städten hatte den Hang zum Aberglauben der Vorfahren vom Land ersetzt.

Es herrschten Verzweiflung, Unwissenheit, Leichtgläubigkeit und Manipulation.

In Katalonien erwachte damals das Verlangen nach der alten nationalen Freiheit, die von der militärischen Macht Kastiliens unter der Kontrolle der Zentralregierung in Madrid unterdrückt wurde.

1908 schrieb Havelock Ellis, ein angelsächsischer Beobachter des Zeitgeschehens: «Die Katalanen sind von alters her robuste und energische Leute, sie haben sich zu Pferde fest im östlichen Teil der Pyrenäen angesiedelt, das charakteristisch Katalanische ist in Roussillon leicht zu erkennen. Die Katalanen sind weder Franzosen noch richtige Spanier, auch wenn bei ihnen spanische und französische Einflüsse zu finden sind. Ihre unbändige Energie hat es ihnen ermöglicht, ein starkes Unabhängigkeitsbewusstsein zu bewahren.»

Das Verlangen, alte Freiheiten zurückzugewinnen, war in ganz Europa verbreitet.

Das alte, von England unterdrückte Irland forderte die *Home Rule* (Autonomie).

Das von Griechen bevölkerte Zypern rief die Welt zu Hilfe, um sich vom Joch der türkischen Besetzung zu befreien.

Norwegen hatte sich 1905 gerade von Schweden unabhängig erklärt.

Im Fall Kataloniens war der Zentralregierung jeder interne Konflikt, der aufgebauscht, ausgenützt und auf ein Chaos hingesteuert werden konnte, willkommen. Es war die ideale Rechtfertigung, die Armee zu schicken und die Katalanen unnachgiebig an die Hauptstadt zu binden. Der spanische Staat hatte kurz zuvor die Kolonien in Kuba und den Philippinen verloren. Den Verlust von Marokko und Katalonien konnte er nicht hinnehmen.

Die Regierung in Madrid hatte in Katalonien einen effektiven Aufrührer zu Diensten: Alejandro Lerroux García. Er war Sohn und Bruder andalusischer Militärs, gescheiterter Bewerber für die Militärakademie in Toledo (Kastilien) und ein zweitklassiger Journalist, der in der Sprache der Spelunken schrieb. Wie urkundlich belegt ist, kassierte Lerroux monatlich 1000 Peseten – damals ein Vermögen – aus den Geheimfonds des spanischen Regierungsministeriums.

Lerroux hatte Anhänger sowohl unter den eingewanderten als auch unter den katalanischen Arbeitern in Barcelona. Er schrieb:

«Arbeiter! Hebt die Nonnenschleier der Novizen und schwängert sie... Haltet nicht ein vor Gräbern und Altaren... zerstört die Tempel!» (sic).

Und die Tempel, zumindest die Hälfte der kirchlichen Gebäude in Barcelona, wurden zerstört.

III

Die Auswirkungen der Tragischen Woche auf die katalanische Gesellschaft waren gewaltig. Die indirekte Wirkung auf den damals so religiösen Gaudí kann nur vemutet werden.

Sechs oder sieben Monate nach den Ereignissen litt er unter Depression und Anämie. Er hatte Schwindelgefühle und konnte sich nicht aufrecht halten.

Sein Freund Torras i Bages, der mannhafte Geistliche, war damals schon Bischof in Vic. Er beauftragte den Jesuiten Ignasi Casanovas, sich um den Kranken zu kümmern.

Pater Casanovas genoss großen Respekt und er hatte einen großen Bekanntenkreis. Bei Senyora Concepció Vila, Witwe von Josep Rocafiguera, erreichte er, dass sie Gaudí für einige Wochen auf ihrem Gut in Vic aufnahm. Dort sollte er Ablenkung finden, Ruhe und vernünftige Ernährung.

Wenige Tage nachdem Gaudí im Haus Rocafigueras eingezogen war, wusste die Frau, dass der Umgang mit dem Kranken viel schwieriger war, als sie angenommen hatte.

Vielleicht würde ein Mann besser mit ihm umgehen können?

Sie ging zu ihrem Verwandten Joaquim Vilaplana, einem geschätzten Apotheker und Kunstverständigen in der Stadt, und sagte zu ihm:

«Wir wissen nicht, was wir mit diesem guten Mann machen sollen. Er spricht wenig und scheint sehr traurig zu sein... Er hat keinen Hunger, er isst nichts, wir wissen nicht, was er möchte. Ich dachte, du könntest uns vielleicht helfen. Was wird Pater Casanovas sagen, wenn sich Senyor Gaudí nicht ein wenig erholt?»

FÜNFTER TEIL

KAPITEL 18

Der Tod geht um im Park Güell

I

Nachts ging das Gespenst der Todes im Park Güell um.

Nach einigen Wochen Aufenthalt im Haus Rocafiguera in Vic und vielen Spaziergängen in der Umgebung hatte sich Gaudís Gesundheitszustand etwas gebessert. Etwas, aber nicht allzu sehr.

Zurück in Barcelona, in seinem neuen Haus im Park Güell, fand er sich wieder mit seinem «Ich» konfrontiert: Ein niedergeschlagener, lebensmüder Mann.

Ohne die familiäre Wärme herrschte gespenstische Ruhe im Haus, unter der er und seine Nichte *Rossita* gleichermaßen litten. Seit dem Tod des Vaters des Architekten war das Gefühl der Einsamkeit noch viel stärker geworden.

Er war krank und mit den Arbeiten an der Sagrada Família voll beschäftigt, trotzdem musste er sich oft um das Mädchen kümmern.

Sie war seit dem dritten Lebensjahr Waise, einsame Schülerin in einem Nonneninternat und später kränklich geworden wie ihre Mutter. Und sicher hatte sie etwas vom Alkoholismus ihres Vaters im Blut. Es ging ihr nicht gut.

Sie war anfallig für Tuberkulose und Herzrhythmusstörungen und, wahrscheinlich, für Nervenkrisen. Es wurde erzählt, dass sie heimlich «Aigua del Carme» trank. Das war ein Likör, der in der religiösen Gemeinschaft hergestellt wurde, und für den Fall, dass sich jemand kraftlos fühlte, in der Speisekammer stand.

Dem Mädchen fehlte die Gesellschaft des Großvaters. Mit ihm war sie all die Jahre spazieren gegangen. Jetzt musste sie daran denken, dass sie noch einsamer würde, wenn eines Tages ihr Onkel Anton nicht mehr da wäre.

Zum Glück war Gaudí wenigstens die gute Freundschaft des Doktors Pere Santaló erhalten geblieben. Der Arzt war ein ausgeglichener Mensch, er begleitete Gaudí oft und sorgte sich um dessen Gesundheit.

II

Doktor Pere Santaló kam auch aus Camp de Tarragona. Er war ein begeisterter Wanderer, ein starker Raucher und kam gut mit Gaudí aus. Beide wussten voneinander, woher sie kamen, sie mussten sich gesellschaftlich nichts vormachen. Santaló konnte den Architekten bei seinem Vornamen nennen, Anton, die familiäre Form für den Namen Antoni, der für städtische Ohren feiner klang.

Der Nichte ging es zunehmend schlechter. Auch dem Onkel Anton ging es schlechter, dazu war er wie absorbiert von den biblischen Szenen der Kirche.

Den Plan der gegen Osten gerichteten Fassade der Geburt Jesu hatte er abgeschlossen. Jetzt musste er daran denken, wie er die westliche Fassade für Leiden und Tod zeichnen sollte.

Er dachte viel über den Tod nach und bekam dann Maltafieber, eine ansteckende Krankheit, die unter anderem Rheuma verursachen oder verschlimmern konnte.

Bei diesem Fieber empfahlen die Ärzte vor allem einen Umgebungswechsel in die frische Luft. Also gab der sehr entkräftete Kranke seine Nichte in die Obhut einer Nonne und wurde von Doktor Santaló in ein Hotel in Puigcerdà in den katalanischen Pyrenäen begleitet.

«Sie werden schon sehen, Senyor Gaudí, wie sie hier gesund werden,» sagte man ihm im Hotel.

III

Anfang Juni fühlte sich der Kranke sogar noch schlechter als in Barcelona, er wollte keine Besserung.

Es ging ihm so schlecht, dass er glaubte, seine letzte Stunde wäre gekommen. In dieser hoffnungslosen Lage beschloss er, sein Testament zu machen. Am 9. Juni 1909 dikitierte er dem Notar von Piugcerdà, Ramon Cantó, seinen letzten Willen.

Doktor Santaló verbreitete die Nachricht, in welcher Lage sich Gaudí befand, und mehr und mehr Leute aus Barcelona und anderen Gegenden, einfache Leute, schickten Gaudí Pakete mit Lebensmitteln und ihren Hausmitteln nach Puigcerdà, in der Hoffnung, er könne wieder zu Kräften kommen.

Zur gleichen Zeit hatte Gaudí den Blick ins Jenseits gerichtet. Gaudí, der berühmte Architekt von Häusern, Chalets und Palästen, der nie innegehalten hatte, um einmal einen Entwurf für etwas zu machen, was sein von ihm selbst gestaltetes Haus hätte sein können.

Als einer, der auf der Erde nur auf Durchreise war, als umherirrender Christ, der er war, musste er sichergehen, dass er, wenn er einmal das Tor zur Unterwelt durchschritten haben sollte, in der leuchtenden Heimstatt des Höchsten Wesens aufgenommen würde.

Aber, wie der Weise schreibt:

> *«Alles hat seine Zeit,*
> *und alles Vorhaben unter dem Himmel*
> *hat seine Stunde.»*

IV

Der Sommer kam, Antoni Gaudí begann, sich zu erholen. Er empfing Besuch von Leuten, die ihm ihre aufrichtige Freundschaft bewiesen, wie etwa der Bischof Torras i Bages, der über ihn gewacht hatte, oder der König der katalanischen Prosa, Joaquim Ruyra.

Der Bischof Torras i Bages, ernst, zuverlässig und äußerst kurzsichtig, war sein religiöser Lehrmeister. Der Schriftsteller Ruyra, frühzeitig gealtert, nachlässig gekleidet, mit verstaubten Schuhen, war sein Pilgergefährte. Es vergingen Tage, Wochen und Monate.

Der Sommer neigte sich dem Ende zu.

Als das Laub zu fallen begann und die Schreie der Schwalben den Rückflug in die Winterquartiere ankündigten, kehrte der Architekt nach Barcelona zurück. Wie der gelehrte Professor Joan Bassegoda erzählt, entwarf Gaudí, noch immer von der Krankheit geschwächt, zu dieser Zeit die Westfassade der Sagrada Família.

Eine erhalten gebliebene Zeichnung mit Wasserfarben zeigt – laut J. Bassegoda – «die ganze Dramatik der Fassade, die an den Tod Christi erinnert und von jemandem gezeichnet wurde, der den Tod mit eigenen Augen gesehen hatte.»

Das Gespenst des Todes hatte den Park Güell nicht verlassen.

Dieses Weihnachtsfest stand unter einem schlechten Zeichen.

Kurz nach den Festlichkeiten zum Dreikönigstag, am 11. Januar 1912, starb die junge Nichte, Rosa Egea Gaudí, im Alter von 36 Jahren, nur ein Jahr älter, als ihre Mutter geworden war.

KAPITEL 19

Die steinernen Zypressen

I

«Ich verstehe die Situation der Isolation Gaudís nach dem Tod seiner Nichte, die bei ihm gewohnt hatte. Dem Mann, der keine weltlichen Beziehungen und Zerstreuungen sucht, fehlt die häusliche Zuneigung, die er jetzt durch Freundschaften ersetzen sollte.»

So schreibt es der Bischof Torras i Bages in einem Brief an seinen Mitarbeiter, den Jesuiten Ignasi Casanovas. Der Bischof beauftragte Casanovas, Gaudí erneut in die Stadt Vic zu begleiten, wo er wieder eine gewisse Zeit verbringen und sich ein wenig erholen sollte.

Der Architekt nahm von da an keine Aufträge mehr an und vertiefte sich, als er nach einiger Zeit nach Barcelona zurückkam, ganz in die Arbeiten an der Sagrada Família.

Allein und alt, nur von seinen Gedanken begleitet, ging der Architekt jeden Tag zu Fuß den Berg vom Park Güell hinunter in die Ebene zur Sagrada Família. Eine gute Stunde bergab, zurück eineinhalb Stunden bergauf.

Manchmal blieb er aber zum Schlafen in seiner Bauwerkstatt, einer Art Baracke am Fuß der Sagrada Família, wo er sich ein Bett aufgestellt hatte.

Einmal die Woche kam eine junge Frau zum Saubermachen ins Haus. Es war eine Novizin, die später in einen religiösen Orden eintrat, und die auch ein wenig auf das Äußere des nachlässig gewordenen alten Herrn achtete.

So nachlässig und niedergeschlagen wie nie zuvor war

er, dass er nie Fleisch aß. Manchmal kam er mit ein paar Blättern Salat und ein wenig Milch aus. Er folgte den Rezepten des deutschen Geistlichen Kneipp, so wie es sein Vater gemacht hatte.

So gebrechlich war er, dass er sich gegen das Rheuma Handgelenke und Beine verband, mit Binden, die ihm manchmal aus den Hosenbeinen hingen, so dass er wie das Leiden Christi aussah.

So einsam und traurig war er, aber er beschwerte sich nie und war immer gut zu den einfachen, frommen Leuten.

Für die Novizin, künftige Nonne, war der Herr Architekt ein Heiliger. So heilig wie der Heilige Antonius von Padua in der Mauernische am Eingang, den der Herr Architekt jeden Tag beim Kommen und Gehen grüsste, indem er seinen schwarzen staubigen Hut abnahm.

II

Die Almosen waren spärlich, zeitweise mussten die Bauarbeiten an der Kirche eingestellt werden. In solchen Zeiten war es Gaudí selbst, der um Spenden bat.

Katalonien und Spanien blieben während des Ersten Weltkriegs (1914-1918) neutral, es waren aber unsichere Zeiten.

Nach dem Ersten Weltkrieg machte sich Ernst Neufert, ein deutscher Student, der überlebt hatte, auf Entdeckungsreise in das Land südlich der Pyrenäen. Er wollte die Erinnerung an die Katastrophe und den Nebel im Norden hinter sich lassen.

Er beschloss, in Barcelona Rast einzulegen, suchte eine Pension und fand eine, die hell und gemütlich war und weit vom Zentrum entfernt lag.

Den jungen Studenten interessierten hauptsächlich die Gebäude der Stadt, da er Schüler des Bauhaus, der von Walter Gropius gegründeten Schule, war. Dieser berühmte Architekt hatte anfangs die Figur des alten Baumeisters und Kunsthandwerkers idealisiert, bevor er sich der Serienproduktion von Gebäuden auf der Grundlage von Quadrat, Rechteck und Kreis verschrieb.

Die erste Überraschung erlebte der junge Neufert, als er sich aus dem Fenster der Pension lehnte und einige riesige steinerne Zypressen erblickte, die in den Himmel ragten. Sicher war er bei diesem romanischen Volk auf Erstaunliches vorbereitet, aber dieses Bauwerk übertraf seine Erwartungen.

«Es ist der Tempel Sagrada Família, der Architekt ist Senyor Gaudí,» sagte man ihm.

Ein Tempel?

Was für ein Architekt konnte sich das ausgedacht haben?

Ernst Neufert wollte mehr wissen.

Man sagte ihm, dass der alte Architekt allein lebte, ohne Familie, dass er unzählige Stunden eingeschlossen in seiner Werkstatt verbrachte, die wie eine Baracke aussah, dass er dort wie ein alter Kunsthandwerker arbeitete und sich ausschließlich der Planung des künftigen Tempels widmete, obwohl die Arbeiten wegen Geldmangels nicht vorwärts kamen. Das wollte der Student mit eigenen Augen sehen.

Dies ist der begeisterte schriftliche Bericht von Neufert:

«Da war die ideale Werkstatt des Architekten, von der Gropius in der romantischen Anfangszeit des Bauhaus so oft gesprochen hatte. Da war die wirkliche *Bauhütte*, die auf den soliden Fundamenten des Glaubens errichtete Baracke, etwas, das auf dem ganzen Planeten nicht zu finden war. Ich war tief beeindruckt und hatte den Wunsch, mit Gaudí zu sprechen.

Der Architekt empfing keinen Besuch, mit Ausnahme einiger hoher Würdenträger der Kirche. Aber ein Schweizer Reiseleiter sagte mir, dass die einzige Möglichkeit, Gaudí zu treffen, am frühen Morgen bestand, nach der Messe in der Kathedrale.

Ich versuchte mein Glück.

In der ersten Bankreihe war, niedergekniet, der Architekt.

Die Messe war zu Ende und Gaudí ging durch eine Seitentür hinaus. Ich folgte ihm und sprach ihn an, sagte ihm, dass ich Architektur studierte und sein Werk bewunderte.

Er lächelte und erlaubte mir, ihn zu begleiten.

So gingen wir nebeneinander ohne ein Wort zu sprechen.

Ich war durcheinander, es fiel mir kein Wort in spanischer Sprache ein, obwohl ich sie damals schon beherrschte.

Nach einiger Zeit begannen wir, uns zu unterhalten.

Die alten Gebäude auf dem Weg gaben uns Anlass zum Gespräch.

Gaudí sagte, *«die Natur ist unser großer Meister.»*

Und ich erzählte ihm, wie sehr mich die Berge von Montserrat beeindruckt hatten, zu denen ich einen Ausflug unternommen hatte.

Und so liefen und liefen wir durch die Straßen Barcelonas und gelangten schließlich an den Fuß des Tempels der Sagrada Família, als die Stadt gerade den neuen Tag begann.

Gaudí schaute nach oben zu den Türmen und fragte mich: *«Glauben Sie nicht, dass die Glockentürme etwas mit den Felsnadeln von Montserrat gemein haben?»*

Dieses Treffen mit Gaudí war für meine Ausbildung und den Verlauf meines Studiums eines der wichtigsten meines Lebens.»

III

Die Arbeiten an der Sagrada Família waren eingestellt, als 1922 in Barcelona der Kongress der spanischen Architekten stattfand. Der Baske Teodoro Anasagasti sagte: «Wir sind von weit her gekommen, als Bewunderer Kataloniens und der gewaltigen Anstrengung eures Volks... Wir haben gesehen, wie sich über der Stadt die Silhouette gewagter Türme erhebt, das Werk Gaudís, des bahnbrechenden, individuellen Künstlers, des guten und bescheidenen Mannes. Gaudí bemüht sich und schafft ein Werk wie das der Künstler der glorreichen alten Zeiten. Er arbeitet für uns und für den Triumph der höchsten Ideale... Sollte dieses Streben, dass sich gen Himmel richtet, als tragische Ruine enden, welche hartherzige Rolle käme unserer Epoche in der Kunstgeschichte zu?»

In diesen Tagen der Dekadenz wurde Gaudí gefragt, wann die Arbeiten an der Kirche abgeschlossen würden. Der Architekt antwortete:

«Mein Kunde hat keine Eile.»

Die Novizin, die im Haus des Senyor Gaudí saubermachte, wusste schon lange, für welchen einzigen Kunden der Architekt in den letzten Jahren ausschließlich arbeitete. Jetzt bemerkten es auch die Fremden. Der Deutsche Neufert, Schüler von Gropius, und der Baske Anasagasti waren nicht die einzigen.

Sullivan, der Architekt der Wolkenkratzer in Chicago, war tief beeindruckt, als er in der nordamerikanischen Zeitschrift *Western Architect* Photographien der Kirche Gaudís sah.

Er sah sie wieder und wieder an und kam zu dem Schluss:

«Es ist das grösste Werk der kreativen Architektur der letzten fünfundzwanzig Jahre. Es ist die steingewordene Darstellung der Spiritualität.»

Und auf der anderen Seite des Planeten, im Land der aufgehenden Sonne, blätterte ein kleiner Mann mit Intelektuellenbrille, der japanische Professor Kenji Imai, in der englischen Zeitschrift *Builder* und beschloss, nach Europa zu reisen und die Vorkämpfer der europäischen Architektur kennenzulernen: den Schweden Ostberg, den Schweizer Steiner und vor allem diesen erleuchteten Künstler aus Barcelona, der den Steinen diese mysteriösen Formen gab.

KAPITEL 20

Am Ende der Reise

I

Der Regen Ende August kündigte den Herbst an.

In den engen Gassen, die zur gotischen Kirche Sant Just nahe der Kathedrale führen, sah man nur lange Gesichter.

Es war kurz nach neun Uhr morgens. Einen Schal um den Hals gewickelt stieg Antoni Gaudí in seinem unverwüstlichen schwarzen Anzug die Stufen zum Kirchenportal hinauf.

An jenem Tag, dem 11. September 1924, sollte eine halb illegale Messe stattfinden, zum Gedenken an die Gefallenen des katalanischen Widerstands beim Angriff der kastilischen und französischen Armee auf Barcelona.

Als er in die Kirche eintreten wollte, wurde er von einem Polizisten angehalten.

Obwohl es sich nur um eine Messe handelte, lag Spannung in der Luft.

Vor einem Jahr war dem andalusischen General Miguel Primo de Rivera ein Staatsstreich gelungen. Katalonien und der ganze spanische Staat standen unter der Herrschaft einer Militärdiktatur.

Das Gespräch zwischen dem Polizisten – der immer Kastilisch sprach – und dem Architekt - der die ganze Zeit Katalanisch sprach – und was danach passierte, ist in einem Dokument des Historischen Stadtarchivs von Barcelona festgehalten:

—*Wohin gehen Sie?*

—Ich gehe zur Messe.

—*Der Zutritt ist verboten.*

—Aber ich werde durchgehen.

—*Sie werden hier nicht durchgehen.*

Dann packte er ihn am Arm und nahm ihn mit auf die Wache.

Das Verhör vor vier Beamten mit feindseligen Gesichtern war kurz.

—*Wie heißen Sie?*

—Antoni Gaudí.

—*Wie alt sind Sie?*

—71 Jahre.

—*Beruf?*

—Architekt.

—*Ihr Beruf verpflichtet Sie, Kastilisch zu sprechen!*

—Mein Beruf verpflichtet mich, Steuern zu bezahlen, und die bezahle ich, aber nicht dazu, nicht in meiner Sprache zu sprechen.

—*Wie hieß Ihr Vater?*

—Francesc Gaudí.

—***Francesc**? Was heißt hier **Francesc**?*[3]

Einer der vier Polizisten, die an dem Verhör teilnahmen, sagte zu Gaudí:

—*Wenn Sie nicht so alt wären, würde ich Ihnen den Schädel einschlagen! Unverschämter Kerl! Dreckschwein!*

Der Architekt wurde in eine dunkle Zelle gesperrt und sollte nicht freigelassen werden, bevor er nicht die Strafe von 50 Peseten bezahlt hätte, die ihm *ipso facto* auferlegt worden war.

Gaudí hatte kein Geld bei sich (50 Peseten entsprachen dem Lohn für vier Tage Arbeit eines Facharbeiters) und bat einen befreundeten Kapellan um Hilfe, den Rektor der Kirche La Mercé.

3. Francesc ist die katalanische Form, der Polizist wollte den spanischen Namen Francisco hören.

Tatsächlich lieh sich Gaudí vom Kapellan 75 Peseten.

In der Zelle war nämlich noch ein Festgenommener, ein armer kastilischer Einwanderer, der auf der Straße Obst verkaufte. Die Polizei – erzählte er seinem Zellengefährten – hatte ihm das Obst weggenommen und eine Strafe von 25 Peseten verhängt. Aber da er sie nicht hatte und auch nicht wusste, woher er sie bekommen sollte, musste er dort drinnen verfaulen.

Der Kapellan kam schnell mit dem Geld, Gaudí gab dem Gefangenen 25 Peseten und beide waren wieder auf die Straße.

Der Obstverkäufer wusste nicht, wer dieser Alte mit dem weißen Bart war, der nachdem er in die Zelle gekommen war, als erstes niederkniete und betete.

Schluchzend bat ihn der Obstverkäufer um Namen und Adresse, um ihm so schnell wie möglich das Geld zurückgeben zu können.

Der Architekt sagte:

«Milde Gaben zahlt man nicht zurück.»

Und sie verabschiedeten sich.

II

Anfang des Jahres 1925 merkte Gaudí, dass ihn die Kräfte verließen.

Am 23. Januar traf er eine Entscheidung, die er schon lange im Kopf gehabt hatte. Er schrieb zwei Gesuche an den Kardinal und Erzbischof von Tarragona und teilte ihm seinen letzten Willen mit.

In einem erklärte er, dass er «im Gedenken an die Mutter ANTÒNIA CORNET i BELTRAN» eine mildtätige Stiftung in Reus eingerichtet habe, wo die Andacht unter Anbetung der Jungfrau von Montserrat verrichtet werden solle. Für die Finanzierung der Stiftung legte er 35 Wertpapiere der Eisenbahngesellschaft «Ferrocarril d'Almansa a València i Tarragona» bei. Gaudí behielt sich das Recht vor, zu Lebzeiten die Zinsen dieses Kapitals zu beziehen, wenn die Diözesenkasse die Auszahlung vornahm. Nach seinem Tod sollten die Zinsen von dem für die Stiftung zuständigen Rektor oder Pfarrer kassiert werden.

Im zweiten Schreiben teilte er mit, dass er *«aus dem Erbe seines Vaters FRANCESC GAUDÍ i SERRA (und seiner Nichte Rosa Egea Gaudí)»* in Riudoms ein Haus besitze, mit Erdgeschoss, erstem Stock, Wohnung und Dachstube, sowie zwei Grundstücke mit Reben und Obstbäumen und 6 Aktien der Stauseegesellschaft von Riudecanyes (gegründet von Leuten aus Reus, Riudoms und anderen Dörfern, um das Land bewässern zu können). Er *überlasse* den genannten Besitz und die Aktien dem Erzbischof, der Erlös aus dem Verkauf sei für *den Erzbischof und den Rektor von Riudoms* gedacht, für die Einrichtung einer mildtätigen Stiftung in der Pfarrei von Riudoms *«in Gedenken und Fürbitte für den Vater.»*

III

Zu den guten Freunden Gaudís zählte der Bildhauer Llorenç Matamala, von dem viele der harmonischen und feingliedrigen Skulpturen an der ersten Fassade der Sagrada Família stammen, die der Geburt Christi gewidmet ist.

Gaudí bewunderte die sanfte Schönheit der Werke Matamalas, was jedoch der Bewunderung nicht im Weg stand, die er zuvor für die unbändige Kraft empfunden hatte, die von den Figuren von Carles Mani ausging. Auch in Camp de Tarragona geboren, wurde Mani von den wohlhabenden Bürgern Barcelonas abgelehnt. Nur dank Gaudí war er an den Arbeiten der Kirche Sagrada Família beteiligt. Aber der unglückliche Mani war ein hilfloser Mann von gequältem Geist. Er war vor zwölf Jahren gestorben, im Alter von 45 Jahren.

Matamala dagegen war ein Mann mit starkem Temperament und geordnetem Leben. Als er den Meister Gaudí so kraftlos sah, entschied er, ihn jeden Abend bis zu seinem abgelegenen, einsamen Haus am Berg des Park Güell zu begleiten. Wiederholt blieb er sogar zum Schlafen dort, um den Architekten nicht allein zu lassen.

Aber das konnte so nicht lange Zeit gehen.

Der Bildhauer Matamala hatte eine Frau und Kinder und wenn er auch vier Jahre jünger war als Gaudí, das Alter machte ihm trotzdem zu schaffen. Auch er war alt geworden und fühlte sich nicht sehr gut.

Als dann 1925 der Winter kam, wurde Matamala richtig krank.

Gaudí ging nicht mehr jeden Tag zum Park Güell zurück. Er blieb zum Schlafen in dem Eisenbett, dass er sich in einer Ecke der Werkstatt hatte aufstellen lassen, am Fuß der Kirche Sagrada Família.

Matamala starb kurz vor Weihnachten 1925.

Gaudí war einsamer als je zuvor.

IV

Nachts, wenn die Öllampen gelöscht waren, fielen die Schatten der merkwürdigen Gegenstände, die von der Decke hingen, wie Spiralen auf die Wände der Werkstatt.

Und draußen wuchsen langsam die Stämme der alten Bäume aus dem Garten der sieben Geheimnisse und verwandelten sich in Säulen der Kirche, sie wuchsen *mit der schöpferischen Langsamkeit aus den Anfängen der Welt.*

Der Meister Gaudí schlenderte mechanisch und unaufmerksam umher an jenem Nachmittag des 7. Juni 1926, er merkte nicht, dass ein Straßenbahnwagen auf ihn zugefahren kam.

Er starb zwei Tage später, in einem Armenkrankenhaus.

Alles was man in der einen Taschen fand, war eine Handvoll Rosinen und Erdnüsse.

In der anderen Tasche, ein zerknittertes Buch: Das Evangelium.

EPILOG

Antoni Gaudí wurde in der Krypta der Kirche Sagrada Família in Barcelona bestattet.

Das Grab wurde während des Spanischen Bürgerkriegs (1936-1939) geschändet.

Nach dem Tod Gaudís veranlasste sein Jugendfreund Eduard Toda die Restauration des Klosters von Poblet, wie sie es sich als Jungen erträumt hatten.

In den sechziger Jahren des 20. Jahrhunderts schrieb George R. Collins, Professor an der Universität Columbia, New York:

«Für Gaudí war die Architekturtheorie untrennbar verbunden mit der Analyse der Naturgesetze und dem religiösen Symbolismus. Was Gaudí machte, war die die Verehrung des Einen (des Höheren Wesens).»

Der Architekt Jordi Bonet i Armengol sagte 1993: *«Durch George R. Collins ist das Interesse an der katalanischen Architektur in der Vereinigten Staaten von Amerika gestiegen und Gaudí wird als einer der großen Schöpfer der Weltarchitektur angesehen.»*

Zu Lebzeiten Gaudís wurde viel über sein Werk gelästert, man hielt es für altmodisch. In unseren Tagen erklärt sich der Ingenieur und Architekt Santiago Calatrava von den gaudianischen Konzeptionen beeinflusst. Er wohnt in der Schweiz und ist in der ästhetischen Avantgarde sehr gefragt.

Am 7. November 1982 besuchte Papst Johannes Paul II. Barcelona und erklärte: *«Die Kirche ist das Heim der Familie*

Gottes in der Welt, euer Heim. Sie ist von dieser mysteriösen Wirklichkeit, deren sichtbarer Ausdruck dieser großartige Tempel Sagrada Família von Barcelona ist, eine Eingebung des Paters Josep Manyanet, ein Kunstwerk des genialen Meisters Antoni Gaudí.»

Im Sommer 1998 erfuhr die Öffentlichkeit von der Entscheidung, dass der Prozess der Seligsprechung Gaudís eingeleitet werden sollte. Es war dies eine Initiative des Kardinals und Erzbischofs von Barcelona, Ricard Maria Carles, im Einverständnis mit allen katalanischen Bischöfen.

Der 150. Jahrestag der Geburt von Antoni Gaudí i Cornet ist am 25. Juni 2002.

ANMERKUNGENZU DEN KAPITELN

Kapitel 1

Mehrere Zeitgenossen Gaudís stimmen darin überein, dass der Architekt in den letzten Jahren seines Lebens wie ein Armer gekleidet war. Der Karrikaturist Feliu Elias, der als «Apa» unterzeichnete, stellte Gaudí als verbogenen Alten dar, mit schäbiger Jacke, zerknitterten Hosen und billigen, abgetragenen Schuhen.

Die Karrikatur erschien in der barcelonischen Tageszeitung La Publicitat am 11. Juni 1926, am Vorabend der Beerdigung des Architekten.

Der Hinweis auf den japanischen Professor Kenji Imai ist einem Artikel von Masayuki Irie entnommen: «Der Besuch des Professor Kenji Imai 1926 in Barcelona, um Gaudí kennnenzulernen.» (Biblioteca de la Càtedra Gaudí, Av. de Pedralbes, Barcelona).

Kapitel 2

Hier ist anzumerken, dass sich der Linguist Joan Coromines, vormals Professor an der Universität von Chicago (USA), bei der Etymologie des Namens Gaudí geirrt hat.

In seinem «Diccionari etimològic i complementari de la Llengua Catalana» gibt er an, dass der Name Gaudí von *Gaudints* stammt, «einem Namen, der in Lleida bräuchlicherweise den Männern der Landstrasse gegeben wurde» bzw. von «*gaudins*, der wichtigsten Laienbrüderschaft der Kathedrale von Solsona.»

Coromines war offenbar die provanzalische Herkunft der Vorfahren des Architekten Gaudís unbekannt, wie es im 3. Kapitel dieses Buches erklärt wird. Sonst wäre dieser ausgezeichnete Linguist sicher zu einem anderen Schluss gekommen.

Die europäischen Gaudí, Gaudy oder Gaudin (offensichtlicheVarianten eines einzigen Familiennamens) werden in den meisten europäischen Enzyklopädien erwähnt: «Encyclopédie Française», «Enciclopèdia Espasa», etc.

Die Etymologie des Ortsnamens *Cornet* ist dem «Onomasticon Cataloniae» des Meisters Joan Coromines entnommen.

Den Stammbaum Cornet erforschte mein Großonkel Gabriel Castellà i Raich (1876-1959). Er war Historiker und Archivar der Stadt Igualada und Mitglied der «Acadèmia de Bones Lletres» in Barcelona. 1929 erschien in der Ausgabe 1 der «Revista d'Igualada» sein Artikel «Berühmte Geschlechter aus Igualada: Cornet.» Im Februar 1948 veröffentlichte er «Wappen der Familie Cornet» im Vereinsblatt der Fotographen von Igualada.

Kapitel 3

Die provenzalische Herkunft des Namens Gaudí wurde von dem an Stammbaumforschung interessierten Josep Maria Armengol i Viver entdeckt, in den dreißiger Jahren des 20. Jahrhunderts – nach dem Tod des Architekten.

Er forschte in den Archiven der Pfarreien nach und konnte schließlich den Stammbaum der Abstammungslinien des Architekten erstellen, sowohl väterlicher- als auch mütterlicherseits. Das Ergebnis seiner Nachforschungen veröffentlichte er zusammen mit dem Stammbaum in dem Artikel «Die Entwicklungsgeschichte des Namens Gaudí», erschienen am 21. Juni 1936 in der barcelonischen Tageszeitung *El Matí*.

Der von Senyor Armengol erstellte Stammbaum wurde später von anderen Personen erweitert. Der Verein «Amics de Gaudí» in Reus schickt allen Interessierten auf Anfrage eine Kopie des Stammbaums.

Kapitel 4

Nach Gaudís Tod wurde das Haus «Mas de la Calderera» renoviert und vergrößert.

Die Beschreibung des Häuschens, wie es zu Lebzeiten des Architekten aussah, richtet sich nach den notariell beglaubigten Angaben von Rosa Domingo i Giol. Sie war Eimwohnerin von Riudoms und war in dem Haus von 1921 bis 1926 als Haushälterin beschäftigt. Ihr Bericht wurde in das Buch «Defensa de Gaudí» von J.M. Guix Sugranyes aufgenommen (1. Auflage: Reus 1960).

Gaudís Rheumaleiden, die Landausflüge, die Aufenthalte in «Mas de la Calderera» und der Einfluss der Natur auf den Jugendlichen wurden von Joan Bergós i Massó (1894-1974) beschrieben. Er war 32 Jahre alt, als Gaudí starb, und einer seiner Helfer.

Kapitel 5

Der Einfluss des väterlichen Berufs als Kupferschmied auf das Werk des Sohnes wurde schon von den ersten Gaudí-Forschern hervorgehoben.

Der inzwischen verstorbene George R. Collins, Professor für Kunstgeschichte an der Universität Columbia (New York, USA) und Autor mehrerer Werke über Gaudí, schrieb hierzu: «In der Werkstatt des Vaters wurden hauptsächlich Rohre für Schnapsbrennereien hergestellt. Wie Gaudí im Alter erzählte, begann er dort, ein Gefühl für den Raum zu entwickeln. Die gebogenen Kupferrohre hatten eine gewisse Ähnlichkeit mit den komplizierten geometrischen Formen und Spiralen in der Kunst Gaudís.»

Professor G. R. Collins starb im Alter von 75 Jahren im Januar 1993 in Falmouth (Massachusetts).

Die Kindheit Gaudís als Lehrling in der Fabrik «Vapor Nou» in Reus wird von Jordi Elias in seinem Werk «GAUDÍ. Assaig biogràfic» beschrieben.

Aus demselben Buch stammt die Anekdote von der Frau aus der Familie Gaudí-Cornet, die manchmal zum Haus reicher Nachbarn ging, um übriggebliebenes Essen zu holen.

Das Projekt des Wiederaufbaus für das Kloster von Poblet wird im Werk von Joan Bergós genau beschrieben.

Die Zitate von E. Toda, dem Gefährten Gaudís bei diesem Projekt, erscheinen im Werk von J. Elias.

Kapitel 6

Für Informationen zur Krise des Kirchenstaats habe ich das Werk «Diplomatic History» von Sir Charles Petrie hinzugezogen.

Das Zitat von Oswald Spengler stammt aus dem letzten Kapitel von «Der Untergang des Abendlandes.»

Marie-Paule Demarré ist Autorin des Berichts «Le capitaine Henri-Hubert Belletable (1813-1855), fondateur de l'Association de la Sainte Famille a Liège (Belgique)».

Er wird im Protokoll des «IV Congreso Internacional sobre la Sagrada Família» erwähnt, der in Begues (Barcelona, Katalonien) abgehalten wurde. Organisator war die von Pater Manyanet gegründete Kongregation *Fills de la Sagrada Família, Jesús, Maria i Josep.* Die Adresse der Kongregation lautet: Entença 301, 08029 Barcelona (Katalonien, Spanien). Telefon: 93/ 439.43.05 Fax: 93/ 430.43.03.

Die biographischen Angaben zu Pater Manyanet sind dem Werk «Josep Manyanet. Profeta de la família» von J. M. Blanquet und J. Piquer entnommen.

Die Zitate des Journalisten Josep Pla stammen aus seinem Werk «Homenots».

Die Angaben zu Graham Greene sind in seinem «Catholic Essays» zu finden.

Die Informationen über Alexis Carrel basieren hauptsächlich auf dem Artikel «Alexis Carrel» von Alain Ledoux, erschienen in «Science et Vie».

Die Marienerscheinung von Knock (Irland) ist Thema der Reportage «Hail, Mary» von Kenneth L. Woodeard, erschienen in «Newsweek, The International Newsmagazine» (New York, USA).

Die Anekdote, der zufolge der Architekt der Kirche Sagrada Família blaue Augen haben sollte, wurde dem Journalisten Josep Pla von Josep Pijoan erzählt.

Kapitel 7

Joan Bassegoda i Nonell ist der zeitgenössische Architekt, der am meisten Material zum Werk Gaudís zusammengetragen hat. In diesem Kapitel war mir sein umfangreiches Werk «El Gran Gaudí» von großem Nutzen.

Das Feuilleton aus dem Barcelona von 1871 wird von den Historikern J. Termes und A. Colomines erwähnt.

Das Zitat von Hans Christian Andersen stammt aus «Reisen durch Spanien».

Im Historischen Gemeindearchiv von Reus werden die Unterlagen zum Militärdienst Gaudís aufbewahrt. In Register des Rathauses ist folgender Eintrag aus dem Jahr 1874 zu lesen: «Antonio Gaudí i Cornet wurde weder eingerufen, noch ist er selbst vorstellig geworden. Das Rathaus erklärt ihn somit zum Soldaten.»

Das Aussehen von Francesc Gaudí i Cornet, des älteren Bruders des Architekten, ist auf einer Gruppenaufnahme der Medizinstudenten von Barcelona aus dem Jahr 1872 zu erkennen.

Die Information zum Ende seiner Studienzeit habe ich

einem Brief des damaligen Dekans der Fakultät für Medizin, Dr. A. Pedro i Pons, vom 6. Dezember 1954 entnommen.

Die Angaben zur Ehe von Rosa, der älteren Schwester Gaudís, stammen von J. Bergós.

Kapitel 8

Die Tagebucheintragungen Gaudís wurden von Enric Casanellas in «Nueva visión de Gaudí» veröffentlicht.

Die Information zu Salvador Pagès, dem katalanischen *Selfmademan*, der in den Vereinigten Staaten zu Reichtum gekommen sein soll und einen Sohn namens Lincoln hatte, wurde 1961 von J. Elias veröffentlicht. Im Jahr 1975 schrieben Josep M. Moreu i Fornells und sein Sohn Enric Moreu-Rey darüber in der Zeitschrift «Serra d'Or».

Die Angaben zu der von Salvador Pagès gegründeten Kooperative *La Obrera Mataronesa* stammen aus dem Buch «La Obrera Mataronesa» von J. Pomes und Maria Rodriguez.

Bezüglich Krankheit und Lektüre des in Reus geborenen Schriftstellers Joaquim Maria Bartrina habe ich mich an den entsprechenden Eintrag von Ramon Sumoy in der «Gran Enciclopèdia Catalana» (Barcelona 1971) gehalten. Die Aktivitäten Bartrinas in Mataró werden in dem oben erwähnten Werk «La Obrera Mataronesa» erwähnt.

Kapitel 9

Das Zitat des amerikanischen Professors Lewis Mumford stammt aus dem Buch «The Culture of the Cities», die erste Auflage erschien 1928 in den Vereinigten Staaten.

Vom Siedlungsprojekt Gaudís für die Kooperative *La Obrera Mataronesa* wird eine *Kopie* im Historischen Stadtarchiv von Mataró aufbewahrt. Sie ist unter dem Zeichen AH.0233 (P-15 und P-16) zu finden.

Es kann dort auch ein Stapel Originaldokumente eingesehen werden, wie zum Beispiel Anfragen und Genehmigungen aus dem Schriftwechsel zwischen Salvador Pagès und dem Bürgermeister von Mataró.

Kapitel 10

J. Bergós und andere Autoren erwähnen die Körperkraft von Gaudís Vater.

Die Vermutungen über die Jugendlieben Gaudís finden sich in dem Buch «Figures de Catalunya» des Schriftstellers Carles Soldevila.

Die mehr oder weniger verschwommenen Erinnerungen der entfernten Verwandten Gaudís Mitte des 20. Jahrhunderts zum selben Thema hat J. Elias in seinem bereits erwähnten Buch wiedergegeben.

Josep M. Moreu i Fornells (1873-1961) hat seine Erinnerungen teils schriftlich festgehalten, teils wurden sie von seinem Sohn Enric Moreu-Rey (Barcelona, 1917-1992) auf Tonband aufgenommen. Er war Doktor der Philologie und Professor an der Universität Barcelona. Dr. Enric Moreu-Rey veröffentlichte eine Zusammenfassung des Materials unter dem Titel «Gaudí in Mataró» 1975 in der Zeitschrift *Serra d'Or.*

Kapitel 11

In diesem Kapitel wurde auf die bereits erwähnten Memoiren von Senyor Josep M. Moreu i Fornells zurückgegriffen. Zum Teil wurden sie von seinem Sohn Enric Moreu-Reys erläutert bzw. ergänzt.

Allan Kardec war das Pseudonym des Franzosen Léon Rivail, der 1857 im Alter von 54 Jahren *Le livre des esperits* schrieb. Der Text wurde ihm - den Spiritualisten zufolge - «von den Unsichtbaren diktiert.» Er wurde in alle wichtigen Sprachen übersetzt und hatte außerordentlichen Erfolg.

Kapitel 12

Die Mitgliedschaft von Eduard Fontserè i Mestre bei den Freimaurern wird in folgenden Werken erwähnt: «La maçoneria a Catalunya. 1868-1939» von Pere Sánchez und «La lògia Lealtad. Un exemple de maçoneria catalana (1869-1939)».

Auch die Mitgliedschaft von Eudald Canibell bei den Freimaurern wird im ersten der oben genannten Bücher aufgeführt.

Eine vollständige Übersicht zum umfangreichen Werk Canibells findet sich in der «Enciclopèdia Espasa».

Aus den unveröffentlichten Memoiren des Autors stammt die Anekdote der Drohung der andalusischen La Mano Negra. Der österreichische Anarchist Max Nettlau (1865-1944) berichtet davon in dem nach seinem Tod erschienenen Werk *La Première Internationale en Espagne* (Dortrecht, Holland 1969).

Die Geschichte der La Mano Negra wird auch von der argentinischen Hispanistin Clara E. Lida in ihrem Werk «Anarquismo y revolución en la España del XIX» erwähnt.

Die Geschichte von Gaudís Teilnahme an antikirchlichen Treffen im Cafè Pelai in Barcelona wurde von dem Journalist Josep Pla verbreitet.

Die Zitate des russischen Schriftstellers Pavlovski stammen aus seinem Buch «Visió cosmopolita de Catalunya».

Kapitel 13

Die umfangreichste und neuste Arbeit über den Architekt Joan Matorell i Montells ist die Doktorarbeit von Jaume Aymar. Er ist Doktor der Kunstgeschichte und Dekan der

«Facultat Eclesiàstica de Filosofia de Catalunya» (Diputació 231, 08007 Barcelona).

Die Angaben zur Finca Güell in Pedralbes stammen aus dem bereits erwähnten «El Gran Gaudí» von J. Bassegoda. Zum Stammbaum der Familie Güell finden sich umfangreiche Dokumente im Katalanischen Nationalarchiv in Sant Cugat del Vallès.

Ein Bericht aus neutraler Sicht über die Aktivitäten des Sklavenhändlers López López erscheint in dem Buch «Catalunya a Cuba» (Verlag Barcino, Barcelona 1988) von Joaquim Roy, Professor an der Universität Miami (Florida, USA).

Interessant ist eine Art Schmähsschrift zum selben Thema: «La verdadera vida de Antonio López López» (Barcelona 1855) von F. Bru, seinem Schwager.

Die Kommentare von George R. Collins hinsichtlich der unterschiedlichen Schaffensphasen Gaudís finden sich in «The New Encyclopaedia Britannica».

Kapitel 14

Angaben zur Herkunft der Anekdote der blauen Augen finden sich in den Anmerkungen zum Kapitel 6.

Pater Llorenç Riber i Campins wurde 1881 auf Mallorca (Balearen) geboren. Er stand als Novize im Dienste des Bischofs, der ebenfalls Campins hieß. Der von ihm zitierte Satz stammt aus dem Buch «Antoni Gaudí. La seva vida. Les seves obres. La seva mort.» (Verlag Políglota, Barcelona 1926) und wurde von Jordi Castellanos in «Intel.lectuals, cultura i poder» aufgenommen.

Miquel Ferrà wurde 1885 auf Mallorca geboren. Er war der Sohn eines Baumeisters und Archäologen. Er machte sich in der Kunsttheorie und mit Übersetzungen französischer und italienischer Dichter ins Katalanische einen Namen. Das Zitat von Ferrà über Gaudí stammt aus «La cultura contemporània a Catalunya (1888-1931)» von Edmon Vallès.

Kapitel 15

Die Meinungsverschiedenheiten zwischen Gaudí und seinen Kunden werden von vielen Autoren behandelt. Das erwähnte Buch von J. Elias ist hierbei am ausführlichsten.

Die Auseinandersetzung mit den katilischen Kirchenoberen von Astorga wird von einigen Autoren nur mit dem schwierigen Charakter Gaudís erklärt. Dagegen hebt Rafael Álvarez Izquierdo in seinem Buch «Gaudí» hervor, dass man in Astorga eine starke Ablehnung gegenÜber den Katalanen empfand.

Die Angaben zur Familie Godó aus Igualada im 19. Jahrhundert sind dem «Diccionari Biogràfic d'Igualadins» von M.A. Bisbal und M.T. Miret entnommen. Die Verbindung einer Senyora Godó mit Senyor Josep Battló geht aus dem von Armand de Fluvià erstellten Stammbaum hervor.

Das Zitat des Journalisten Jaume Bofill i Mates stammt aus der Tageszeitung «La Publicitat» von 1930. J. Castellanos zitiert ihn in «Intel.lectuals, cultura i poder».

Auch das Zitat des Kunsthistorikers und Geistlichen Manuel Trens anlässlich des Todes Gaudís stammt aus «La Publicitat» von 1926. J. Castellanos führt es ebenfalls im obengenannten Werk auf.

Kapitel 16

Der Satz von Robert Pane ist bei J. Bassegoda nachzulesen.

Viele Autoren erwähnen die Kommentare zu Gaudí im Büro von L.H. Sullivan in Chicago.

Gaudís Fasten an Ostern 1894 war Thema des Zeichners Ricard Opisso, einem Zeitgenossen des Architekten, in der Tageszeitung «Diari de Barcelona» (24.3.1951).

Die Beschreibung von Pater Torras i Bages, dem späteren Bischof von Vic, ist wörtlich einem Text des Journalisten Carles Soldevila entnommen.

Die positive Lebenseinstellung des Vaters beschreiben

J. Elias und J. Pla, der sich dabei auf Professor Pijoan beruft.

Einige Einzelheiten zum Umzug der Familie Gaudí von der Straße Diputació in den Park Güell werden im Werk von Josep F. Ràfols genannt.

Die Naturmedizin von Sebastian Kneipp hatte nichts Esoterisches, sie basierte auf überlieferten Heilmethoden. Kneipp wurde 1821 in Stephansried (Deutschland) geboren, er hatte gesundheitliche Probleme und machte eine Priesterausbildung. In der Pfarrei Wörrishofen stellte er der Öffentlichkeit seine Therapie mit Bädern und Heilpflanzen vor. Er starb 1897.

Das Labor Fher S.A. in Barcelona vertreibt noch heute Bonbons unter dem Namen Kneipp. Sie enthalten *Valerina officialis L.*, eine in Katalonien sehr bekannte Heilpflanze und werden bei Nervosität, Angstzuständen und Schlaflosigkeit etc. genommen.

Kapitel 17

Der Vergleich mit dem Tag des Tieres stammt aus der Offenbarung (IX und X).

Der Spruch «Für die Arbeiter sind Brot und Zwiebeln genug» wird einem Industriellen aus Igualada Ende des 19. oder Anfang des 20. Jahrhunderts zugeschrieben. Sein Haus ist seither bekannt als «Casa Pa i Ceba» (Haus «Brot und Zwiebeln»).

Die Geschichte, die zu diesem schlechten Namen führte, ist in «Renoms igualadins» nachzulesen.

«Leo XIII erzürnte sich in einer Art heiliger Erbosung wegen der Überschreitungen der Reichen» ist ein Satz von Graham Greene. Auch die Anekdote des mexikanischen Bischofs von San Luis de Potosí stammt von ihm.

Die Beschreibung der Katalanen von Havelock Ellis ist seinem Buch «The Soul of Spain» (London 1908) entnommen.

Die Angaben zu Alejandro Lerroux stammen aus der Doktorarbeit «El lerrouxisme a Catalunya» von Professor J.B. Culla.

Der Aufenthalt Gaudís in Casa Rocafiguera in Vic wurde von Josep Pla beschrieben.

Kapitel 18

Über die Krankheit der Nichte Gaudís berichtet Joan Bergós.

Beim Datum ihres Todestages habe ich auf Joan Bassegoda zurückgegriffen.

Gaudís Haus im Park Güell dient seit 1963 als «Casa-Museu Gaudí». Senyor Josep M. Garrut war dort einige Zeit als Direktor tätig, von ihm stammen einige Anekdoten zum Leben des Architekten im Haus.

Gaudí errichtete sein Testament im Notariat von Ramon Cantó in Puigcerdà, wie die zuständige Behörde des Justizministeriums in Madrid bescheinigt. Das Notariatsarchiv von Puigcerdà wurde während des Spanischen Bürgerkriegs zerstört.

«Die Unterwelt» oder das Reich der Toten (hebräisch *xeol*) ist ein Ausdruck aus dem Alten Testament.

«Alles hat seine Zeit...» ist ein Zitat aus dem Buch Ekklesiastes (auch Kohelet genannt) III.1.

Kapitel 19

Der Ausschnitt aus dem Brief des Bischofs Torres i Bages ist *Relíquies literàries* von Ignasi Casanovas entnommen und wird von J. Castellanos zitiert.

Bei der Geschichte über die Novizin habe ich auf die Erzählungen von Josep M. Garrut (Casa-Museu Gaudí im Park Güell) zurückgegriffen.

Ernst Neufert war mit 60 Jahren Professor der Technischen Hochschule Darmstadt (Deutschland). Er erzählte seinen Studenten oft vom «guten Gaudí». Der katalanische Student Joaquim Vilar-Vergés bat ihn, seine Erinnerungen an Gaudí schriftlich festzuhalten. Er ließ sie dann Enric Casanelles zukommen, der Ausschnitte in «Nueva visión de Gaudí» veröffentlichte.

Das Zitat von Teodoro de Anasagasti ist im Werk von J. Bassegoda aufgeführt.

Die Äußerungen von Sullivan und Kenji Imai stammen aus dem bereits erwähnten Artikel von Masayuki Irie.

Kapitel 20

Im Historischen Stadtarchiv Barcelona werden unter «Fulls Volanders» (Flugblätter) einige maschinengeschriebene Flugblätter aufbewahrt, die sich mit der Festnahme Gaudís befassen. Sie tragen keine Unterschrift und enden mit dem Satz: «Das alles hat mir - fast wörtlich - Senyor Valls erzählt.» Das Dokument wurde von Joan Creixell **in** extenso in der Zeitschrift «Serra d'Or» (September 1987) veröffentlicht.

Angaben zu den Spenden Gaudís an den Erzbischof von Tarragona sind in «Defensa de Gaudí» von J.M. Guix Sugranyes zu finden.

Der Satz *«mit der schöpferischen Langsamkeit aus den Anfängen der Welt»* stammt von Manuel Trens.

BIBLIOGRAPHIE

VOM AUTOR VERWENDETE WERKE

AYMAR, Jaume: L'arquitecte Jaume Martorell i Montells (unveröffentlichte Doktorarbeit). Die Biblioteca de la Càtedra Gaudí ist im Besitz einer Kopie (Barcelona 1998).

BERGOS, Joan: Gaudí. L'home i l'obra. Ed. Ariel (Barcelona 1954).

Die Universitat Politècnica de Barcelona ist im Besitz einer Übersetzung ins Spanische (Barcelona 1974).

CASTELLANOS, Jordi: Gaudí, arquitecte de Déu, in «Intel.lectuals, cultura i poder», Ed. La Magrana (Barcelona 1998).

GREENE, Graham: Ensayos católicos. Emecé (Buenos Aires, Argentinien 1955).

GUIX SUGRANYES, J. M.: Defensa de Gaudí. 2. Auflage. Ed. Monterols (Reus 1978).

MARTINELL I BRUNET, Cèsar: L'arquitecte Gaudí. Rathaus Barcelona (Barcelona 1976).

MUMFORD, Lewis: The Culture of the Cities (1928). Aus Argentinien liegt eine Übersetzung ins Spanische von C.M. Reyles vor: «La cultura de las ciudades». Emecé Ed. (Buenos Aires, s.d.)

PETRIE, Sir Charles: Diplomatic History. Es gibt eine Übersetzung ins Spanische von L. De Caralt (Barcelona 1947).

RUSKIN, John: The Lamp of Beauty: writings on art. Selected and edited by Joan Evans. Phaidon Press (London 1995).

—Ética del barro. Übertragung aus dem Englischen von Elisa Morales de Giner. Ed. Renacimiento (Madrid 1917).

SÀNCHEZ, Pere: La maçoneria a Catalunya. 1868-1936. Rathaus Barcelona/Ed. 62 (Barcelona 1990).

Diccionari etimològic i complementari de la llengua catalana, von Joan COROMINES. Curial/La Caixa (Barcelona 1980).

Diccionari català-valencià-balear. Von A.M. ALCOVER – F. de B. Moll. Ed. Moll (Palma de Mallorca 1978).

Die Bibel, interkonfessionelle Übersetzung. Associació Bíblica de Catalunya. Ed. Claret. Societats Bibliques Unides (Barcelona 1994).

* * *

ARAGAY, Ignasi: Gaudí per partida doble. Tageszeitung «Avui» (Barcelona 7.11.1996).

BASSEGODA I NONELL, Joan: Gaudinisme als Estats Units, in «Jornades d'Estudis Catalano-Americans», Vol. IV. Generalitat de Catalunya (Barcelona 1992).

—El Park Güell, mitologia i nacionalisme in Butlletí de la Reial Acadèmia Catalana de Belles Arts de St. Jordi, Nr. XI (Barcelona 1997).

BERGOS, Joan; TODA, Eduard, SERRAHIMA, Lluís; TRENS, Manuel; ROIG I RAVENTOS, J.; SUGRANYES, D.; LLONGUERES, Joan; NAVARRO, Antoni; Artikel in Suplement Gaudí. Tageszeitung «El Matí» (Barcelona, 21.6.1936).

BONET I ARMENGOL, Jordi: George R. Collins, in «Jornades d'Estudis Catalano-Americans», Vol. V. Generalitat de Catalunya (Barcelona).

—Experimentació tecnològica sobre l'arquitectura de Gaudí a la Sagrada Família in Butlletí de la Reial Acadèmia de Belles Arts de Sant Jordi, Nr. XI (Barcelona 1997).

CARANDELL, Josep Maria: El enigma Gaudí. Tageszeitung «La Vanguardia» (Barcelona, 4.10.1998).

CASTELLA I RAICH, Gabriel: Nissagues il.lustres d'Igualada: Cornet. In «Revista d'Igualada» Nr. 1 (Igualada, Juni 1929).

CREXELL, Joan: Detenció de Gaudí l'11 de setembre de 1924. Serra d'Or. Nr. 335 (Barcelona, September 1987).

COLLINS, George R. und BALLARIN, Josep M.: Antoni Gaudí i Cornet, in «La nostra gent». Plaza & Janes, editors (Esplugues de Llobregat 1988).

LEDOUX, Alain: Alexis Carrel. «Science de Vie» (Paris, September 1973).

MOREU I FORNELLS, Josep M. und MOREU-REY, Enric: Gaudí a Mataró. «Serra d'Or» Nr. 188 (Barcelona, 15.5.1975).

Orientación adecuada de los edificios. «Noticias MT». Fundación MT (Madrid, September 1997).

PALAU RAFECAS, Salvador: Els molins fariners i les masies del municipi de Les Piles. In «Recull» Nr. 4. Associació Cultural Baixa Segarra-Santa Coloma de Queralt (Santa Coloma de Queralt 1993).

PERMANYER, Lluís: Antoni Gaudí, the Man. In «La Pedrera». Fundació Caixa de Catalunya (Barcelona 1998).

ROHRER, Judith C.: Una visió apropiada: el Temple de la Sagrada Família de Gaudí i la política arquitectònica de la Lliga Regionalista, in «Gaudí i el seu temps», herausgegeben von J.J. Lahuerta. Ed. Barcanova (Barcelona 1990).

WINTERHALDER, Albert: La casa-museu de Gaudí, oblidada de la mà de déu. «Xarxa» (Barcelona, Januar 1988).

WOODEARD, Kenneth L.: Hail, Mary. «Newsweek» (New York, 25. August 1997).

DANKSAGUNG

Ein Buch wie dieses wäre ohne die Hinzuziehung von Unterlagen aller Art aus Archiven, Dokumentationszentren und Bibliotheken nicht denkbar gewesen. Ich möchte allen zuständigen Personen folgender Einrichtungen, die zum Zustandekommen des Buches beigetragen haben, meinen Dank aussprechen:

Centre d'Estudis, Casa de Cultura, Historisches Archiv und Kulturamt des Rathauses (Riudoms).

Historisches Archiv, Verein «Amics de Gaudí», Kulturamt des Rathauses und Museu Comarcal Salvador Vilaseca (Reus).

Bibliothek Fundació Roca i Galés (Barcelona).

Bibliothek Col.legi d'Arquitectes de Catalunya (Barcelona).

Historisches Archiv, Buchhandlung Robafaves und Caixa d'Estalvis Laietana (Mataró).

Buchhandlung «La Formiga d'Or» (Barcelona).

Biblioteca de Catalunya (Barcelona).

Col.lecció Fornas. Bibliothek des Katalanischen Parlaments. Centre d'Estudis Gaudinistes (Barcelona).

Casa de l'Ardiaca. Historisches Stadtarchiv Barcelona.

Escola Universitària Politècnica de Catalunya (Barcelona).

Pfarrei der Sagrada Família (Barcelona).

Càtedra Gaudí (Av. de Pedralbes, Barcelona).

British Library. British Institute (Barcelona).

Folgende Personen haben mir Material bzw. Informationen zur Vefügung gestellt, auch ihnen möchte ich an dieser Stelle danken:

Der Schriftsteller Josep Maria Puigjaner, vormals Leiter des Bücherdienstes der Generalitat von Katalonien.

Pater Josep M. Blanquet, Superior der Kongregation «Fills de la Sagrada Família, Jesús, Maria i Josep» mit Sitz in Barcelona.

Manuel Forasté, Leiter der Presseabteilung der Stiftung Caixa de Catalunya.

Pater Jaume Aymar, Dekan der Fakultät für Religionsphilosophie von Katalonien.

Carme Nogués, Haus der Kultur von Riudoms, und Senyor Margalef, Kulturbeauftragter dieser Ortschaft.

Ribas Prous, Städtische Photothek Reus.

Montserrat Vilumara, Nichte des Architekten Joan Bergós (1894-1974), der Gaudís Schüler war.

Francesc Jené, Apotheker aus Esplugues de Llobregat.

Antoni M. Vidal Colominas vom Verein «Amics de Gaudí» in Reus, ein unermüdlicher Verbreiter des Werkes Gaudís in der ganzen Welt.

Ich möchte auch allen danken, die mir bei der Erstellung des Sammbaumes Cornet, der mütterlichen Abstammungslinie Gaudís aus Sant Gallard (Les Piles, Conca de Barberà) eine Hilfe waren: Josep Ballabriga, vormals Bürgermeister von Les Piles; Salvador Palau «el Galo»; die Familie Tarragó und Josep M. Carreras Tarragó, Lehrer aus Santa Coloma de Queralt.

An dieser Stelle möchte ich erwähnen, dass die Erforschung des Stammbaums Cornet in den zwanziger Jahren von meinem verstorbenen Großonkel Gabriel Castellà i Raich begonnen wurde. Er war Archivar und Historiker in der Stadt Igualada.

Diese Aufzählung wäre unvollständig ohne meinen Dank an den Schriftsteller Carles Duarte, Mitglied des Pen Club, der das Werk gelesen und mich zur Arbeit ermuntert hat.

DER AUTOR